SYNGMAN RHEE

이승만 바로 알기 100장면

이규학 지음

둘셋손잡고
HAND-IN-HAND

목차

Prologue

2024년에 개봉한 다큐멘터리 영화 '독립전쟁'은 시민사회에 대한민국의 독립과 건국에 대한 인식을 새롭게 했습니다. 하나님께서는 이승만 대통령이 활동했던 시기를 전후로 한반도에 기독교 2000년 역사상 특별한 구원의 역사를 베푸셨습니다.

1885년, 아펜젤러(Henry G. Appenzeller)와 언더우드(Horace G. Underwood)가 한국에 들어왔습니다. 1907년 평양대부흥운동이 선교사들에 의해 기독교 세계에 알려지면서 대한제국이 선교사들의 주목을 받았습니다. 선교사들이 한국으로 파송되면서, 한국은 잠들었던 오천 년 역사에서 깨어났습니다.

선교사들은 교회, 학교, 병원, 고아원 등을 설립하여, 일제의 침탈로 황폐해진 한국을 근대국가로 발전시키는 데 결정적인 역할을 했습니다. 이승만은 선교사들을 통해서 신앙을 받았고 서양 학문을 배웠습니다. 선교사들의 도움으로 미국에서 유학했고 미국교회를 중심으로 독립운동을 전개했습니다. 귀국하여 미국교회와 미군정과 협력하면서 대한민국 건국의 기초를 세웠습니다.

성경에는 중요한 일이 시작되기 전에 그 전조를 보여주는 하나님의 섭리가 있습니다. 사무엘의 어린 시절이 그의 미래를 예시하고, 모세의 유년기가 그의 미래를 보여줍니다. 과거의 역사는 미래의 문을 여는 프로토타입(prototype)인데, 저도 학생 시절 이승만 대통령과의 조우가 있었습니다. 이승만 대통령의 장례식에 참여했습니다. 저의 집은 경상도 울진 평해인데, 이틀을 걸어서 장례식에 참석했습니다. 당시 제가 어떤 마음으로 평해에서 서울까지 올라와 이화장과 광화문에서 시민들과 함께 장례식에 참여했는지 … 그때 이승만 대통령의 운구행렬을 따라갔던 사건이 이승만전집 발간사업을 진행하기 위한 하나님의 섭리라고 고백합니다.

북한의 김일성 전집은 물론 박헌영 전집도 오래전에 발간되었는데, 대한민국의 근간을 세운 이승만 대통령의 전집이 출판되지 않아 안타깝습니다. 특별히 그분의 한국교회 부흥에 대한 공헌을 생각하면, 오늘날 한국교회의 모습이 부끄럽습니다.

많이 늦었지만 6년 전 이승만전집 발간위원회를 구성하고, 연세대학교 총장과 M.O.U를 체결하게 된 것을 감사드립니다. 하나님의 도우심과 이승만 대통령을 사랑하는 이들의 후원을 통해 32권 중 10권이 이승만 연구원의 수고로 연세대학 출판부에서 간행되었습니다.

이승만 대통령은 혁명가입니다. 왕정을 민주공화국 정치로 바꾼 분입니다. 일제에 항거해 독립운동을 펼쳐 해방을 가져온 독립의 주축세력이며, 대한민국의 건국을 주도했습니다. 농지개혁을 통해 성서의 희년 사상을 이 땅에 실현했고, 반기독교 세력인 공산주의와의 대결에서 승리하여 대한민국의 자유민주주의 가치와 기독교 신앙을 수호하는 데에 성공했습니다. 6.25 때 반공포로 삼만 명을 석방한 것은 이 땅의 성스러운 역사로 기록되어야 합니다.

이분은 정치, 경제, 교육, 사회적 업적뿐만 아니라 교회적, 신앙적 업적도 지대합니다. 제헌 국회를 하나님 앞에 일동 기립해서 기도로 시작하였고, 군목제도, 형목제도 등 국가적으로 기독교 제도를 도입해 대한민국을 기독교 정신으로 이끌고자 혼신의 노력을 했습니다.

이런 하나하나의 과정은 무에서 유를 창조하는 기적과 같은 사건들이었습니다. 일제의 수탈과 6.25전쟁으로 세계 최하위의 어둡고 가난했던 나라가 오늘날 세계가 인정하는 민주국가로 발전한 것은 건국 대통령 이승만의 업적이 낳은 결과입니다.

제가 산책을 하다가 지인을 만났는데, 그분이 "감독님, 제가 이승만 대통령의 책을 사려고 서점에 갔는데, 읽기 어려운 학문적인 책만 있었어요. 감독님은 이승만 전집도 발간하고 세미나도 하신다는데, 나 같은 일반인들도 쉽게 읽을 수 있는 책은 없을까요?"라는 그분의 요청으로 이 책이 세상에 나왔습니다.

이 책의 장점은 조선에서 대한제국으로, 일제에서 대한민국으로 이어지는 한국 근대사의 중심인물 이승만을 중심으로, 그 당시에 일어났던 주요 사건과 인물들 100장면, 필수 내용은 각주를 달아 독자들이 한국 근대사 이해에 도움이 되도록 하였습니다.

원고를 읽어주신 이상재연구소 소장 김명구 박사와 어려운 자료를 수집해 주신 안만호 박사에게 고마움을 드립니다.

2024년 7월

이승만전집 발간위원장 이 규 학

1. **이승만**과 조선왕조

1. 이승만과 조선왕조

오늘의 대한민국은 5000년 역사상 최고의 전성기를 누리고 있다. 역설적으로 대한민국은 강대국들이 호시탐탐하던 조선왕조가 망한 자리에서 탄생했다. 난세가 영웅을 만든다. 미국이 영국의 식민지 통치에 저항하던 시기에 조지 워싱턴(George Washington)이 등장했다. 2차대전 때 영국의 윈스턴 처칠(Winston Leonard Spencer Churchill)이 그 모습을 드러냈다. 마하트마 간디(Mohandas Karamchand Gandhi)는 영국으로부터 인도의 독립운동을 이끌었다. 이승만과 동시대의 마사리크(Tomáš Garrigue Masaryk)는 체코슬로바키아를 건국했다. 이승만은 조선왕조가 망해가던 시기에 대한민국을 세우기 위해 역사의 전면에 나타났다.

> "흑암에 앉은 백성이 큰 빛을 보았고 사망의 땅과 그늘에 앉은 자들에게 빛이 비치었도다"(마 4:16).

하나님은 강대국 애굽의 노예로 고난받던 이스라엘을 위해 해방자 모세를 보내셨다. 그리고 일본, 청나라, 러시아, 프랑스와 미국,

심지어 무능하고 파렴치했던 조선왕조로부터 고난받던 조선 백성들의 해방을 위해 이승만을 보내셨다. 그루터기에 새싹처럼 기적같이 솟아난 희망이었다.

1) 지금과 그때

001 세계인의 문화, 한류

21세기의 한류는 세계인의 문화가 되었다. 20세기를 풍미하던 영국의 문화산업이 21세기까지도 영국에 매년 900억 파운드(143조 원) 이상의 가치를 기여하고 있다. 20세기 말부터 시작된 한류는 음악, 드라마, 영화, 패션, 뷰티 등 다양한 분야에서 전 세계 구석구석까지 스며들어 세계인들에게 깊은 감동을 주고 있다. 몽고의 울란바토르의 거리는 편의점, 음식점, 가계 등의 모습이 한국의 도시를 방불케 하고, 인도네시아에서는 한국 드라마가 계속해서 큰 사랑을 받으며, 한국의 생활양식과 식습관을 모방하는 추세가 계속되고 있다.

말레이시아 쿠알라룸푸르에는 CU 편의점 1호점이 문을 열어 새로운 편의점 한류의 시작을 알리고 있다. K-pop, 예능, 드라마 등 한국 문화콘텐츠가 필리핀의 젊은 세대들에게 인기를 얻으며 한류 스타에 관한 관심도 높아지고 있다. 베트남은 오래전부터 '한류'의 원조 국가로 통했던 곳이다. 한국 사랑 때문에 한국 음식점, 상점,

학원, 병원 등 다양한 분야에서 한국 기업들이 베트남에 진출해 있다. 자국 문화에 대한 자부심이 남다른 영국, 프랑스, 미국 등의 선진국에서도 한류 붐은 갈수록 뜨거워지고 있다.

한류를 통해 한국문화에 대한 국제적인 관심이 높아지면서 다양한 국가 간의 문화 교류와 이해가 증진되고 있다. 한류는 한국의 문화를 세계적인 수준으로 끌어올렸다. 한류의 열풍은 한국의 이미지를 긍정적으로 만들고 국가의 세계적 영향력을 높이는 데 일조하고 있다. 한국어 학습에 대한 세계적인 관심을 높이고 있으며, 한국문화뿐만 아니라 아시아 전역의 다양한 문화에 관한 관심을 높임으로, 세계적으로 문화의 다양성을 증진하고 상호 교류를 촉진하고 있다. 한류는 이러한 다양한 긍정적 영향을 통해 한국이 세계와 소통하며 발전하는 데 큰 역할을 하고 있다.

002 대한민국의 기초를 세운 이승만 대통령

일제의 수탈과 한국전쟁으로 세계 최빈국이던 대한민국은 70년 만에 세계가 주목하는 선진국이 되었다. 한국은 2026년까지 1인당 38,000달러의 총소득(GNI)을 달성할 계획이다. 한류는 전 세계에서 그 우수성을 인정받고 있다. 한국 영화는 헐리우드를 넘어 세계인들의 것이 되었다. K팝은 아메리카 대륙은 물론 남미와 유럽, 아시아를 휩쓸고 있다. 양궁과 쇼트트랙, 태권도, 유도, 축구 등의 스포츠 지도자들이 각국의 선수들을 가르치고 있다. 한국 음식도 세계화되어, 미국과 영국에선 '김치의 날'을 제정할 정도다. 세계 193개 나라에 무비자 입국한다. 여권 파워가 세계 2위이다. 가는 곳마다 사람들이 먼저 한국말로 인사를 하며 환영한다.

이런 현상은 우연이 아니다. 조선왕조가 망하고 일제강점기와 한국전쟁을 거치면서 세계 최빈국이 된 대한민국은 6.25전쟁과 남북분단의 고통을 딛고 부단히 노력해서 선진국 대열에 들어선 것이다. 국가의 기초질서 확립으로 공중도덕과 위생을 선진국 수준으로 끌어올렸고, 스포츠와 문화가 성장했으며, 민주사회와 사회안전망을 구축했다.

1988년 서울올림픽과 2002년 서울월드컵을 계기로 한국문화와 스포츠가 도약을 거듭하여 오늘의 대한민국을 만들어냈다. 숱한 난관과 부족한 재원에도 불구하고 국민연금, 건강보험, 고용보험, 산재보험 등의 사회안전망 구축은 복지선진국들도 부러워할 정도다. 정치적으로는 아시아에서 가장 발달한 민주주의 국가, 경제적으로도 G7과 어깨를 나란히 하는 나라, 세계에서 교육 수준이 가장 높은 나라, 자주국방을 넘어 세계가 주목하는 군사력을 보유한 나라, 세계에 한류를 전파하는 대한민국의 기초를 세운 분이 이승만 대통령이라는 사실을 많은 국민이 알지 못하고 있다.

003 세상에서 가장 가난했던 나라(강화도조약과 동학혁명)

18세기 중엽부터 서구 제국주의 세력들은 풍요로운 동아시아

시장을 노리기 시작했다. 당시의 중국과 일본, 조선은 서구 세력의 등장에 어떻게 대응했을까? 적극적으로 서구 문물을 수입한 나라는 일본이었다. 일본은 1854년 미국 페리(Matthew C. Perry) 제독에 의해 개항하고 서구 근대 문물에 충격을 받고 적극적으로 이를 수용했다. 그 결과가 1867년의 메이지 유신이다. 지방 집권의 막부 체제를 마감하고 천황 중심의 중앙집권체제를 세우면서 서구의 근대적 문물과 제도를 도입했다. 청나라는 영국과 아편전쟁의 결과로 1860년 베이징조약을 맺었다. 이를 계기로 서양 문물을 받아들이기 시작했다. 문제는 조선이었다. 고종의 아버지 흥선대원군이 정국을 주도했던 조선은 강력한 쇄국정책으로, 병인양요와 신미양요 등 연이은 서구 세력의 침입에 나라의 빗장을 굳게 걸어 잠그고 일본과는 정반대의 길을 갔다.

조선 밖의 국제정세는 빠르게 돌아가고 있었다. 부동항이 필요했던 러시아는 베이징조약을 중재한 대가로 연해주를 할양받았다. 이는 만주지역을 호시탐탐 노리던 영국, 중국, 프랑스, 미국 등을 자극하면서, 연해주와 접한 조선의 지정학적 위치가 중요해졌다. 조선에 대한 지배권을 놓고 청나라와 일본의 갈등이 심해졌다. 일본은 운요호(雲揚號) 사건을 계기로 조선과 강화도조약[1]을 체결

---

1) 강화도조약: 조약의 정식 명칭은 '조일수호조규(朝日修好條規)'이며, 강화조약(江華條約) 또는 병자수호조약(丙子修好條約)이라고도 한다. 일본은 군함 운양호(雲揚號)를 수도의 관문인 강화도에 출동시켰다. 강화연안 포대의 포격을 유도했고, 군사력을 동원하여 1876년 2월 3일(음

하고 조선을 청나라의 영향권에서 빼내 그들의 대륙 침략 기지로 삼을 준비를 했다. 강화도조약으로 조선에서도 개혁의 움직임이 나타나기 시작했다. 일본에 수신사를 보내고 신식군대인 별기군을 창설하기도 했지만, 구식군대와 신식군대의 갈등으로 임오군란(壬午軍亂)이 일어났다. 이에 흥선대원군은 역사의 흐름을 다시 과거로 되돌렸고, 개화파들이 추진한 갑신정변(甲申政變)은 삼일천하로 막을 내렸다.

백성들의 안위를 저버린 무능한 탐관오리들의 폭정과 사리사욕에 눈이 먼 지배층 수탈은 동학농민운동2)으로 이어졌다. 이는 조선을 호시탐탐 노리던 청나라와 일본에 군대를 동원할 수 있는 명분을 주었다. 청일전쟁과 러일전쟁에서 승전한 일본은 한반도를 식민지화했다. 조선이 일본의 식민지로 전락한 가장 큰 원인은 스스로 힘을 키우지 못하고 주변 강대국들의 힘에 기대려 했던 지배

력) 강화 연무당(鍊武堂)에서 12조로 된 조일수호조규를 체결하였다.

2) 동학농민운동: 1892년에 전라도 고부 군수로 부임한 조병갑은 농민들에게 온갖 세금을 강제로 징수했으며, 불효·불목·음행·잡기 등의 죄명을 씌워 재물을 강제로 빼앗고, 동진강(東津江)에 필요하지도 않은 보(洑)를 쌓아 농민들에게서 수세를 징수하자, 1893년 12월 농민들은 억울한 사정을 동학 접주 전봉준을 장두(狀頭)로 삼아 조병갑에게 두 차례에 걸쳐 호소하였으나 받아들여지지 않았다. 이 사건이 발단이 되어 전봉준과 동지들은 1894년 2월 10일 고부 관아를 습격하고, 전국규모로 발전되었다. 관군은 전봉준이 이끄는 농민군의 기세에 눌려 청나라에 도움을 청하고, 이를 기회로 일본군까지 개입하였다. 동학농민운동은 외세의 개입으로 실패하였으나, 후에 항일 의병항쟁의 중심 세력이 되었고, 3·1독립 운동으로 계승되었다.

층의 무능력과 관리들의 부정부패였다. 조선은 일제강점기와 한국
전쟁을 거치면서 세계 최빈국으로 추락했다.

　이승만 대통령은 이 가난하고 어두운 나라를 세계 속의 한국으
로 세우는 기틀을 마련했다.

2) 망해가는 나라

004 고종과 그의 아버지 흥선대원군

　고종은 열두 살의 나이로 왕좌에 오르는 순간부터 범상치 않은
생을 살았다. 500년 왕조 역사상 유례없이 임금이 아닌 살아있는
아버지를 상전으로 두었다. 고종은 끊임없이 왕의 권력을 탐했던
아버지와 평생 갈등했던 아들이었다. 그리고 사방이 적들로 가득
했고 어지러운 시대의 동반자였던 아내 명성황후를 적국의 칼에
처참하게 잃었던 비운의 남편이었다. 고종의 존재감은 항상 흥선
대원군3)과 명성황후4) 사이 어디쯤이었다. 그래서 조선의 26대 왕

---

　3) 흥선대원군은 고종 황제의 친아버지이다. 그는 1864년 1월 21일 어린
고종을 대신하여 국정을 이끌었다. 유교의 위민정치를 내세워 전제왕권
의 재확립을 위한 정책을 추진하였고, 개항을 요구하는 서구 열강의 침
략에 대하여 척왜강경정책으로 대응하였다. 서원을 철폐하고 정리하여
양반·기득권 토호들의 민폐와 노론의 일당 독재를 타도하고 남인과 북
인을 채용하였으며, 동학과 천주교를 탄압하고 박해하였다. 1864년 1월
부터 1873년 11월까지 조선의 국정을 이끌었었다. 직접 며느리를 왕비
로 간택하였으나, 도리어 며느리에 의해 권좌에서 축출되었다. 유길준
에 따르면 흥선대원군은 차라리 명성황후를 제거해 달라고 일본 공사
관에 수시로 부탁하고, 손자인 영선군 이준용을 왕위에 앉히기 위해 여

이자 대한제국의 초대 황제였던 고종을 '아버지와 아내의 그늘에
서 우왕좌왕하다 나라를 잃은 무능한 군주'로 여겨지기도 한다.

 고종을 무능한 군주로 둔갑시킨 주체는 일본이었다. 당시 일본
은 대한제국의 국권을 빼앗는 과정에서 명분 없는 침략을 정당화
하기 위해 '망국 책임론', 즉 '조선은 자력으로 근대화할 수 없는
야만의 나라였기 때문에 스스로 망한 것'이라는 프레임을 만들었
다. 고종은 1897년, 자주독립을 대내외에 널리 표명하기 위하여
10월 12일 환구단에서 대한국을 선포하고 광무황제로 즉위하였다.
그 후 조국 근대화의 목표를 가지고 대한제국을 선포하며 광무개
혁5)을 선포했다. 개혁은 1905년 러일전쟁에서 이긴 일본이 한반

러 번 정변을 기도하였으나 실패했다. 을미사변의 조선인 주요 협력자
 의 한사람이기도 하다. 쇄국정책과 천주교도 대량 학살, 무리한 경복궁
 중건 과정, 일본에 명성황후의 제거를 청탁한 점 등은 비판의 대상이
 되고 있다.
4) 명성황후는 조선 후기 제26대 고종의 왕비이다. 1851년(철종 2)에 태어
 나 1895년(고종 32)에 사망했다. 일찍 아버지를 여의고 어머니와 서울
 에서 생활하다 왕비로 간택되었다. 1873년 성인이 된 고종이 친정체제
 를 구축하는 과정에서 척족 세력을 규합하여 정치적 협력자로 나서서
 시아버지 대원군과 대립했다. 임오군란과 갑신정변 등 거듭된 국내 정
 변의 중심에 있었고, 청·일의 간섭으로 인한 혼란 속에 러시아에 의지
 하여 일본을 견제하려 하자 위기를 느낀 일본이 살해했다.
5) 1897년 10월 고종은 국호를 조선에서 '대한'으로 바꾸고 스스로 황제로
 즉위하였다. 형식적인 왕이 아닌 실제로 막강한 황제권을 보장하도록
 제도를 마련하였다. 아울러 대한제국은 황실 중심으로 부국강병을 위한
 근대화정책을 추진해갔다. 고종은 부국(富國)을 위한 근대적 경제개혁
 과 함께 강병(强兵)책으로 군비 강화에 나섰다. 이를 위해 고종 황제는
 무엇보다 군권을 장악해야 한다고 보았다. 군대를 황제 직속으로 두고
 직접 대원수로 취임해 지휘권을 장악하고, 육군 증설과 해군제도를 마

도에 본격적으로 야욕을 드러내면서 좌초됐고, 그 성과는 친일 인사들의 공으로 둔갑했다.

005 조선 근대화를 꿈꾼 고종

조선 26대 왕 고종은 무능한 군주였거나, 격변의 시대를 만난 비운의 군주이기만 했을까? 고종은 아시아를 호시탐탐 노리던 세력들이 충돌하던 격랑의 시대에 쇠락해가는 왕정을 물려받은 불운했던 군주였지만, 근대국가를 꿈꾸던 근대화의 기수이기도 했다. 1910년 한일병합 이후 일제는 '고종은 나라를 망하게 한 유약한 왕'이라는 이미지를 덧씌우기 시작했다. 조선의 식민지화가 '불법 강점'이 되지 않으려면 한반도는 '미개한 땅'이어야만 했고, 그 땅의 군주는 반드시 무능해야만 했다. 그러나 고종은 당대 일본 학자 사이에서도 '새로운 문물을 살피는 것만큼은 조선왕조 역대 어느 왕보다 뛰어났다'라는 평이 나올 정도로 탁월했다.[6] 고종은 수명을 다한 왕조를 무너뜨리고 그 위에 시민이 주인이 되는 근대국가를 세우려 했다. 대한제국을 선포하며 황제의 본궁을 경복궁보

련했으며, 원수부를 창설하였다. 이를 바탕으로 징병제를 실시하여 강력한 군대를 육성하려 했다. 일본으로부터 양무호(揚武號)라는 3천 톤급 기선을 사들여 근대적 해군 창설을 시도하기도 했다. 그러나 1903년 이후 한반도를 둘러싼 러·일 간의 각축이 전쟁위기로 치달으면서 주권에 중대한 위기를 느낀 고종은 일단 한국의 독립유지를 위한 외교정책에 매달리게 되었다.

6) 『한국일보』, 2018.10.16.

다 도심에 있는 경운궁(현재의 덕수궁)으로 옮겼다. 이후 고종은 1919년 임종 시까지 이 궁을 떠나지 않았다. 고종은 나라가 주권을 잃지 않고 바로 세우기 위해 가장 중요한 것은 '스스로의 힘으로 근대화를 이룩하는 것'이라고 확신했다. 청나라가 내정을 간섭해 오던 1880년대 중반, 고종은 청의 감시를 피해 근대화에 필요한 정보가 담긴 외국 서적들을 몰래 들여오기 시작했다. 상하이에서 들여온 책들이 자그마치 3만 여권이었다. 이때 부지런히 배우고 익힌 지식은 대한제국 출범과 함께 빛을 발했다.

고종은 미국의 수도 워싱턴을 모델로 삼은 도로체계를 만들고, 전차가 달리는 철길 옆으로 '탑골공원'을 만들도록 지시해 시민들이 언제든 자유롭게 모여들 수 있는 공간을 마련했다. 1898년 미국인 콜브란(H. Collbran)과 보스트 위크(H. R. Bostwick)는 한성전기회사[7]를 설립하고, 12월에는 종로-청량리 간에 첫 전차 궤도를 완공했다.

1899년 서울 곳곳을 누비기 시작한 전차는 도쿄보다도 앞선 것이었다. 경복궁에만 들어왔던 전기가 서울 전역의 밤을 밝히게 된 것도 바로 이 무렵의 일이다. 도읍에 불과했던 한양이 근대국가의

---

7) 한성전기회사(漢城電氣會社)는 1898년 1월 황실 자본을 토대로 미국의 자본과 기술을 도입하여 설립된 전기회사이다. 주로 서울 시내의 전차 및 전등 부설사업을 수행하였다. 한성전기회사는 1904년 러시아와 일본의 갈등이 극에 치달았던 국제정세 속에서 한미합자회사로 개편되었다가, 1909년 일본의 민간자본가가 설립한 가스회사에 인수되었다.

'수도'로 거듭나는 데는 누구보다도 고종 황제가 개인 재산까지 내
놓을 정도로 열정적이었기 때문이었다. 대한제국의 근대화는 고종
의 결단에 의해 차근차근 진행되고 있었다.

006 일제에 희생된 비운의 황제

고종은 국가 발전을 위해 외국과의 협력이 대단히 중요하다고
생각했다. 고종은 선교사들을 '선생님'이라 부르고 존경을 표하면
서 그들의 협력을 구했다.[8] 한반도 전체가 일본, 청나라, 러시아,
영국 등 열강의 각축장이 돼 버린 상황 속에서 고종은 나라의 생
존을 위해 의존할 수 있는 것은 오직 외교뿐이라고 생각했다. 그
래서 외국어는 물론, 해외 문물에 능통한 젊은 외교관들을 양성하
기 위해 각별히 노력했다.

황제 거처인 경운궁 바로 앞에 '정동 주한 외교 공간'을 세우기
도 했다. 정동에는 황제를 만나기 위해 모여든 많은 외국 사절과
해외 인사들의 발길이 끊이지 않았다. 헤이그에 파견됐던 3인의

---

8) 미국인 선교사들이 고종의 곁을 지켰다. 밤에는 고종의 곁에서 불침번
도 서고, 독살을 막기 위해 기미 상궁처럼 고종이 먹을 음식을 미리 맛
보기도 했다. 여차하면 덕수궁 바로 옆에 있던 미국 대사관으로 고종의
거처를 옮겨야 하는 처지였다. 언더우드 선교사는 밤에 육혈포를 든 채
고종의 신변을 지켰다. 고종의 신임을 얻은 아펜젤러는 학교 건립도 허
가받았다. 고종이 직접 '배재학당'이라는 학교 이름도 하사했다. 당시
청년이었던 이승만이 만민공동회 사건으로 인해 구속되자, 아펜젤러는
이승만의 가족을 도와주기도 했다.

특사 이준, 이상설, 이위종 모두가 5개 국어에 능통한 외국어 능력자들이었던 것도 바로 그런 이유 때문이었다.

1904년 러일전쟁이 발발하자 고종이 먼저 나서 '전쟁에 개입하지 않겠다'라는 국외 중립 선언을 발표했지만, 일본에 의해 무산되었다. 그리고 1907년, 을사조약9)이 일본의 강압에 의한 것임을 알리기 위해 네덜란드로 파견한 헤이그 특사들의 운명도 마찬가지였다. 일본의 방해와 서구 열강들의 방관으로 회의장에 들어서지도 못했던 특사들은 황제의 친서를 품고 그대로 돌아서야만 했다.

고종은 1907년 일제에 의해 강제 퇴위당했다. 을사오적 중 한 명인 이완용은 궁궐의 내시 2명을 데려와 고종과 순종을 각각의 자리에 세우고 강제 양위식을 거행했다. 마지막 군주인 순종이 즉위하고 채 3년이 지나지 않아, 대한제국은 일본과 병합되었다. 주권을 빼앗기고, 왕위를 빼앗기고, 나라를 빼앗기는 과정을 눈앞에서 보아야 했던 고종은 죽는 순간까지 '자주와 독립'의 끈을 놓지 않았다. 1919년 1월 21일, 한일병합 9년 만에 고종 황제는 죽음을 맞이했다.

독살이 분명하다고 믿었던 국민은 태극기를 꺼내 들었다. 황제

---

9) 제2차한일협약(을사조약, 을사늑약)은 1905년 11월 17일 대한제국과 러일전쟁에서 승리한 일본제국 사이에 체결된 불평등 조약이다. 외부대신 박제순과 일본 공사 하야시 곤스케가 서명했다. 대한제국의 일본제국에 대한 외교권 양도 및 통감부 설치 등이 주요 내용이다. 이 조약체결로 대한제국은 일본제국에 외교권을 박탈당하고 보호국으로 전락하여 사실상 반식민지가 되었다.

가 만든 탑골공원에서, 황제의 궁궐이었던 경운궁 대한문 앞에서, 그들은 식민지 백성이 아닌 이미 망해버린 '대한제국의 국민'으로 일제의 무단통치에 항거하는 만세를 외쳤다. 그것이 1919년 3월 1일, 고종의 장례식 이틀 전에 벌어진 3.1독립만세운동이었다.

007 이승만 출생과 조미수호통상조약

이승만이 태어난 1875년 전후로 조선은 당대의 강대국들로부터 통상압력을 받고 있었다. 조선은 1866년에 미국의 제너럴셔먼호 사건(General Sherman號 事件)10)으로 미국으로부터 강력한 통상압력을 받고, 제너럴셔먼호를 공격하여 불태우며 통상을 거부하다가 거대한 미국과의 전쟁인 신미양요11)가 일어났다.

---

10) 제너럴셔먼호 사건은 1866년 미국 상선 제너럴셔먼호가 조선에 통상을 요구하다가 대동강에서 불에 탄 사건이다. 이 배에 통역관으로 영국인 선교사 토마스(R. J. Thomas)가 타고 있었다. 27살의 나이로 대동강 가에서 피를 흘리며 죽어가던 토마스 선교사는 생의 마지막 순간에 자신에게 칼을 겨누던 병사 박춘권을 위해 기도했고, 그에게 성경을 건넸다. 그는 이후 예수 그리스도를 영접하고 평양안주교회의 장로가 되었다. 이 사건이 원인이 되어 1871년 미국이 강화도를 공격하는 신미양요가 발생하였다.

11) 신미양요는 1866년 셔먼호 사건이 일어난 후 미국 정부는 이를 문책하는 동시에 강제로 통상조약을 맺기 위해 북경 주재 미국공사 로(F. Law)에게 훈령하여 미국의 아시아 함대를 출동케 했다. 아시아 함대 사령관 로저스(J. Rodgers)는 콜로라도호 등 5척의 군함에 병력 1,230명을 이끌고 71년 4월 3일 남양(南陽) 앞바다에 도착, 조선정부에 통상을 요구했으나 거절당했다. 그럼에도 불구하고 미국은 소함정 4척을 이끌고 광성진(廣城鎭) 앞으로 들어섰다. 이에 강화수병이 맹렬한 포격을 퍼붓자 피차간에 치열한 포격전이 벌어졌다. 이 싸움은 대단히 치열하

이후 1882년 5월 22일 제물포 화도진(花島鎭)에서 조선 전권대신 신헌(申櫶), 부대신 김홍집(金弘集)과 미국 전권공사 슈펠트 사이에 조미수호통상조약이 체결되었다.

전문 14조로 된 조약의 주요 내용을 보면, "조선이 제3국으로부터 부당한 침략을 받을 경우 조약국인 미국은 즉각 이에 개입, 거중조정을 행사함으로써 조선의 안보를 보장한다. 미국은 조선을 독립국의 한 개체로 인정하고 공사급 외교관을 상호 교환한다. 치외법권은 잠정적이다. 관세자주권을 존중한다. 조미 양국 국민은 상대국에서의 상업활동 및 토지의 구입, 임차(賃借)의 자유를 보장할 뿐만 아니라 영토권을 인정한다. 조미 양국 간에 문화학술의 교류를 최대한 보장한다." 등이다.

이 조약은 다른 조약에 비해 무엇보다 불평등이 배제된 주권 독립국가 간의 최초의 쌍무적 협약이었다. 조선은 이 조약 체결로 수백 년간 유지해 왔던 조중 간의 종속 관계를 청산, 자주독립국가의 일원으로 국제사회에서 주권국가로 인정받게 되었다. 그리고 이를 계기로 구미 선진문물을 받아들일 수 있는 길이 열렸다. 이렇게 이승만 출생 직후 조미수호통상조약 체결이라는 의미 있는

여 아군 53명이 전사하고, 미군 측도 3명이 전사, 10여 명이 부상당했다. 미국은 5월 16일(양력 7월 3일) 40여 일 만에 불법 침입한 우리 해역에서 물러갔다. 그 결과 대원군은 척양척화(斥洋斥和)에 더욱 자신감을 갖게 되어 온 나라 안에 척화비를 세우는 등 쇄국정책을 한층 굳게 했다.

역사적 사건이 일어난 것이다.

008 이승만 출생과 일제에 의한 명성황후의 죽음

일본은 1876년, 일명 운요호 사건을 계기로 한 강화도조약을 통해 강제로 조선의 문을 열게 하였으며, 일본 군인들에 의해 명성황후가 살해되는 을미사변12)(1895년 10월 8일)이 일어나고 고종황제의 아관파천13)으로 힘없이 망해가는 조선의 안타까운 모습이 드러난다.

러시아 공사관으로 거처를 옮긴 고종은 러시아 황제 니콜라이 2세(Николай II)의 즉위식에 민영환을 특사로 파견하였다. 이후 민영환은 러시아를 비롯해 일본, 미국과 영국 등 해외를 7개월 동안 일주하면서 조선의 근대국가 모델을 구상하였고, 귀국 후 군부대신에 임명되어 러시아 군사 교관에 의한 군사 양성을 주관하였

---

12) 을미사변: 명성황후는 일본의 세력을 약화시키기 위해 러시아의 힘을 이용하려 하였는데 일본정부가 일본공사 미우라 고로를 사주하여 1895년 10월 8일 민비의 거처인 건청궁에서 명성황후를 살해하고 시신을 궁궐 밖에서 소각한 사건이다.

13) 아관파천: 1896년 2월 11일, 을미사변으로 친일 내각이 조선을 장악한다. 신변의 위협을 느끼던 고종은 측근 인사들의 요청에 러시아공사 베베르의 동의하에 비밀리에 왕세자와 함께 경복궁을 떠나 러시아 공사관으로 거처를 옮긴 사건이다. 아관파천으로 인해 친일 내각이 무너졌고, 고종은 경운궁 환궁 전 1년 동안 러시아 공사관에 머물렀다. 국왕의 외국 공사관 피신이라는 사건은 외세에서 벗어나기 위해 또 다른 외세에 의존하는 일이었다. 아관파천은 이후 조선 문제가 열강에 의하여 규정된 선례를 남겼다.

다. 훗날 대한제국군이 되는 장병 900여 명을 러시아제 무기로 무장시키고 러시아 교관들에게 3개월간 훈련받음으로써 고종이 환궁할 경우 궁궐을 경비할 수 있도록 하였다.

러시아는 조선의 요청으로 재정, 군사 고문단 파견과 한-러 은행 개설 등을 통해 조선에 대한 영향력을 강화해 나갔다. 또한 경원군과 경성군의 채굴권, 압록강과 두만강, 울릉도의 채벌권, 인천 월미도 저탄소(貯炭所) 설치권 등의 이권을 따냈다. 그 후 1897년 고종은 러시아 공관에서 경운궁으로 돌아와서 8월 17일부터 '광무(光武)'란 연호를 쓰기 시작하면서 10월 3일 황제 칭호를 수락하고 국호를 대한제국14)으로 바꾼다. 그리고 고종은 환구단(圜丘壇)15)에서 하늘에 제사를 지내고 황제로 즉위하자 영국, 미국, 독

---

14) 大韓帝國(Korean Empire/Empire of Korea), 1897년 10월 12일부터 1910년 8월 29일까지 대략 3년 동안 사용된 국호이다. 대한제국은 1897년 10월 12일부터 1910년 8월 29일까지 존속하였던 한국 근대국가이다. 갑오개혁으로 조선왕조 체제가 해체된 후 1897년 10월 12일, 고종이 새롭게 황제국을 선포하고 국호를 '대한(大韓)'으로 고쳤다. 중국에 대한 오랜 사대 외교에서 벗어나 완전한 자주 독립국으로서 근대 주권 국가를 지향하면서 부국강병 정책을 추진하였지만, 1910년 일제에 의해 병합되었다.

15) 환구단은 현재 서울 중구 소공동 87-1. 고려 성종 2년(983) 정월에 처음 시행된 원구제는 설치와 폐지를 되풀이하다 조선초에 제천의례가 억제되자 폐지되고, 세조 2년(1456)에는 일시적으로 제도화하여 1457년 원구단을 설치하고 제사를 드린다. 세조 10년(1464) 제사를 마지막으로 원구제는 중단되고 고종 34년(1897)에 조선을 대한제국으로 바꾸고 다시 제사 드림. 그러나 1913년 일본은 원구단을 헐어버림으로 지금 그 자리에 조선호텔이 세워졌다.

일, 청이 대한제국을 승인한다.16) 청나라가 대한제국을 승인한 직후 대한제국 황제와 대청제국 황제의 명의로 한청통상조약(韓淸通商條約)이 체결되었다(1899).

이것은 한중관계 사상 처음으로 한국과 중국이 대등한 입장에서 체결한 근대적 조약이며, 전통적인 책봉체제의 유산을 양국이 공식적으로 청산하고 새출발을 한 점에 획기적 의미가 있다. 그러나 여전히 대한제국은 열강들의 치열한 정치, 군사적 각축장이 되었다.

009 이승만 출생과 조선에서 일어난 청일전쟁과 러일전쟁

한반도가 열강들의 세력 각축장이 되면서 어처구니없게도 청일전쟁17)(1894-1895)과 러일전쟁18)(1904-1905)이 청나라와 일본,

---

16) 이민원, 『한국의 황제』, (서울: 대원사, 2002), 24.
17) 청일전쟁: 1894년 봄에 동학농민운동이 일어나자 조선 정부는 청나라에 군대를 요청했다. 이에 조선을 침략할 기회를 찾고 있던 일본도 조선에 군대를 보냈다. 일본은 1894년 6월 아산만에 머물고 있던 청의 함정을 공격해 침몰시켰고, 평양에서 청군을 격파한 뒤 만주로 진격해 랴오둥반도의 뤼순을 함락시켰다. 청일전쟁 이후 중국은 더이상 동아시아의 중심 국가로 인정받지 못했다. 일본은 중국을 대신할 새로운 강자로 떠올랐다. 그 이후 일본은 아시아의 강대국으로 떠오르며 계획대로 조선을 손아귀에 넣을 수 있었다.
18) 러일전쟁은 1904년 2월 8일에 발발하여 1905년 가을까지 계속된 전쟁으로 러시아와 일본이 대한제국에서 주도권을 쟁취하려는 무력 충돌이었다. 일본이 러일전쟁에서 승리하면서 정치적으로 조선을 보호국으로 만들었다. 일본인들의 조선 이주가 증가하였다.

일본과 러시아가 아닌 한반도에서 일어났다.

청일전쟁이 일어나 청나라가 일본에게 밀리는 상황이 되자, 일본을 등에 업고 개화를 시도하려는 개혁세력이 일어났다. 김옥균 일행은 1884년 12월 4일에 우정국 준공 축하연에서 '갑신정변'19)을 단행했다. 그날 밤에 수구파(守舊派)20)들을 제거하고 다음 날 국왕의 종형인 이재원을 영의정, 홍영식을 좌의정으로 세우고 신정부를 수립했지만, 청나라 군대가 개입하여 그들의 개혁은 '삼일천하'로 끝나고 김옥균21), 박영효, 서재필 등은 일본과 미국으로

---

19) 갑신정변(甲申政變)은 1884(고종 21)년 12월 4일(양력) 김옥균, 박영효, 홍영식, 서광범, 서재필 등 급진개화파가 청나라로부터의 독립과 조선의 개화를 목표로 일으킨 정변이었으나, 청나라의 군사 개입과 민중의 지지를 얻지 못함으로써 3일 만에 실패로 돌아갔다. 갑신정변의 결과 청의 내정 간섭은 더욱 강화되었다. 갑신정변은 비록 실패했지만, 갑신정변이 추구하였던 개혁의 내용과 지향성은 이후 갑오개혁 등 각종 개혁 운동에 영향을 미치는 등, 우리나라 근대 변혁 운동의 초석이 되었다고 할 수 있다.

20) 수구파는 19세기 말 명성황후와 민 씨 친족 중심으로 갑신정변을 일으킨 개화파와 대립하였고, 갑오개혁과 독립협회가 주도했던 개혁에 반대하며 구체제와 자신들의 권력을 유지하는 선에서 일부 개혁을 추진하려 했던 정치세력이다. 외교적으로 친청(親淸) 노선을 취하며 청국에서 추진되던 개혁을 본받아 온건하고 점진적인 개혁을 추진하였다. 이들은 자신들의 권력을 유지하는 데 필요한 일부 개혁만을 추진하려 하였다. 대표적으로 심상훈, 윤태준, 민영목, 민태호, 조영하, 이조연 등이 거론된다.

21) 일본 정부는 김옥균과 개화파를 감싸며 1886년 8월 오가사와라섬(小笠原島)에 귀양 보내고, 1888년에 북해도(北海道)로 추방하고 연금시킨다. 김옥균이 일본으로 돌아와서 다시 1894년 3월 청나라 상해로 망명하였지만, 수구파가 보낸 자객 홍종우에게 암살당하고 정부는 그의 시신을 가져다가 양화진에서 능지처참 형을 가했다.

각각 망명했다.

조선이 망하게 된 이유가 '기득권 세력, 부정부패와 사대주의, 당파싸움으로 인한 국력의 쇠락과 일제의 침략, 세계사의 전환기를 제대로 인식하지 못한 지성의 빈곤과 외세를 활용하지 못한 실패'[22]였다. 국권을 잃어버린 시기에 대한제국의 회복과 국민의 주권을 회복시키려는 선각자들이 일어나야 하는 상황에서 이승만이 태어나 성장하고 있었다.

3) 희망의 빛

010 망해가는 조선을 찾아온 선교사들

대한제국 말엽, 1885년 4월 부활절 오후 3시경, 개신교 선교사인 감리교의 아펜젤러(Henry G. Appenzeller) 선교사와 장로교의 언더우드(Horace G. Underwood) 선교사가 같은 배로 인천 제물포에 도착함으로써 본격적인 한국선교가 시작되었다.

이들이 입국하기 전부터 의료선교사 알렌(Horace N. Allen)의 제중원[23]이 세워져 있었다. 두 사람 이후, 스크랜턴(William B. Scranton) 선교사의 어머니 메리 스크랜턴(Mary Fletcher Benton Scranton)

---

22) 전환기 자주외교의 개념과 조건 (http://www.donga.com).
23) 1885년 N. 알렌 선교사가 한성의 제동(齊洞)에 왕립으로 세운 광혜원(廣惠院)의 새로운 이름. 알렌 선교사는 1887년 가을 미국행, 그 후에 헤론 선교사가 사역하다 죽은 후 캐나다 토론토대학교 그리스도교 청년회에서 파견된 C. C. 빅턴에게 병원의 업무가 맡겨졌다.

의 이화학당24)(1885년)이 세워졌고 조선정부의 근대학교인 육영
공원(1886년)25)이 세워졌다. 1887년 언더우드 선교사가 새문안교
회26)를, 1887년 10월 9일에 아펜젤러 선교사가 정동감리교회27)

---

24) 이화학당은 1886(고종 23)년 미국 북감리교 선교사였던 메리 스크랜턴
   (Mary Fletcher Scranton)이 설립한 한국 최초의 여성 교육기관이다.
   여성 교육에 대한 사회적 공감대가 형성되지 않았던 1880년대부터 꾸
   준히 여성 교육을 실시하여 식민지 시기의 이화여자전문학교, 해방 후
   이화여자대학교로 그 맥이 이어지고 있다. 한국 여성 교육의 효시로서
   의의를 지닌 교육기관이다.
25) 1886(고종 23)년에 세운 우리나라 최초의 근대적 관립학교. 서양의 제
   도와 문물을 받아들이기 위한 영어 교습이 주목적이었고 1883년 미국
   에 보빙사(報聘使)로 파견되었다가 돌아온 민영익(閔泳翊)의 건의와 주
   한미국공사관의 무관(武官) G. C. 포크 중위의 알선으로 설립이 결정.
   1884년 갑신정변으로 개교가 지연되다가 1886년 7월 H. B. 헐버트를
   비롯한 미국 교사 3명이 내한함에 따라 같은 해 9월 23일 학교 문을
   열었다. 폐교될 때까지의 총 입학생 107명 중에 이완용(李完用)·민영돈
   (閔泳敦)·조중목(趙重穆) 등이 포함되어 있다. 강사진은 헐버트, G. W.
   길모어, D. A. 벙커, W. F. 허치슨, T. E. 핼리팩스 등의 미국인과 영국
   인이 채용되었고 영어, 수학, 자연과학, 역사, 정치학을 가르쳤고 3년마
   다 치르는 대고(大考)에 합격하면 졸업을 시켰다. 정부 고관이나 그 자
   제만을 수용하는 신분적 한계와 공원 관리들의 운영비 유용, 정부의 재
   정 핍박 등으로 1894년 폐교되어 영어학교로 바뀌었다. 육영공원은 우
   리나라 최초의 관립 근대교육기관이나 정부 고관 자제만을 수용하는
   신분적 제한과 어학 교육을 주로 하는 교육 내용의 한계, 외국인 교수
   들에 의해 교육되는 특수학교였기 때문에 민족사회에 뿌리내리지는 못
   하였다. 이 점에서 최초의 사학 근대학교인 배재학교(培材學校)와 여러
   모로 대조된다.
26) 새문안교회는 미국의 호레이스 G. 언더우드 선교사(1890~1951)가 1887
   년 9월 설립했다. 미국 감리교 목사 헨리 G. 아펜젤러(1858~1902)가
   1885년 10월에 세운 정동교회와 더불어 '한국의 어머니(母) 교회'로 불
   린다. 언더우드 선교사가 장로 2명과 함께 새문안교회를 세웠다는 점에
   서 우리나라 최초의 조직교회로 평가한다.
27) 정동감리교회는 1885년 10월 11일 아펜젤러에 의해 세워졌다. 아펜젤

를 세웠고, 1892년 미국 남장로교 레이놀즈(William D. Reynolds) 선교사와 6명의 선교사도 전라도에서 선교하며 예수병원[28]을 설립했다. 특히 미국에서 온 선교사들은 미국에서도 당대의 가장 우수한 인재들이었다.

선교사들은 성경과 소책자, 전도지를 대중이 읽을 수 있도록 한글로 만들어 사용하였다. 따라서 자연스럽게 한글이 널리 보급되는 데 큰 역할을 했다. 1887년 언더우드와 아펜젤러는 성서위원회를 조직하였다. 그 결과 선교사들은 모든 문서는 한문이 아닌 한글로 기록한다는 방침을 결의하였다.

선교사들은 한국의 독립과 민주화를 위해서도 헌신했다. 1919년 3월 12일 한국에서 발행된 일본 신문인 『조선신문』에 "한국인의

러는 1885년 4월 5일에 입국하여 그해 8월 3일에 배재학당(培材學堂)을 세운 한국 근대교육의 창시자이다. 정동교회는 초창기부터 그 옆에 배재학당과 이화학당(梨花學堂)이 있어 학생들이 그 교회의 중요 회원이 되어 개화운동의 한 중심지를 형성하고 있었다. 이 교회의 담임목사가 배재학당장까지 겸하고 있었기 때문에 교회 청년회 활동이 활발하게 전개되었다. 서재필(徐載弼)은 배재학당에서 강의하면서 정동교회 청년회를 중심으로 협성회를 조직하여 독립협회의 전위대를 만들었다. 이 협성회는 정동교회 청년회의 노병선(盧炳善)·이승만(李承晩)·신흥우(申興雨) 등이 주도하였다. 1919년 3·1운동에는 전 교인이 참가하여 일제로부터 무서운 핍박을 받았다. 당시 담임목사 이필주(李弼柱)와 박동완 장로는 민족대표 33인 중 한 사람으로, 정동교회는 두 사람의 민족대표를 낸 교회가 되었다.

28) 예수병원: 미국 남장로교에서 파송한 선교사 마티 잉골드(Dr. Mattie, B. Ingold) 여의사가 1898년 어린이 및 부인 환자 외래진료소를 개원함으로써 시작되었다.

마음을 동요시킨 것은 미국 선교사들이다. 이번 봉기는 그들의 소
행이다. 그들은 민족의 자결권에 대한 윌슨(Thomas Woodrow.
Wilson)의 원칙을 사용하여 사람들을 선동했다."라고 했다.

선교사들은 3.1운동이 일어난 사실을 유럽과 미국의 선교위원회
와 영향력 있는 친구들에게 알려 한국 독립을 위해 기도하고 헌금
하는 계기를 만들었다. 일본은 조선의 독립에 협력하는 선교사들
을 갖가지 이유를 들어 추방했는데, 추방된 선교사들은 본국에서
한국의 독립을 지원했다.

그들은 해방 후에 한국으로 다시 돌아와 선교활동을 했으며, 미
국을 비롯한 많은 나라가 6.25 전쟁으로 처참하게 파괴된 한국을
지원하도록 전방위적으로 협력했다. 한국교회는 한국에 복음을 주
고 한국의 근대화를 위해 헌신한 선교사들을 잊지 말아야 한다.

011 이승만이 만난 선교사들

이승만이 활동하던 시기에 한국에는 세계 최고 수준의 선교사들
이 물밀듯 들어왔다. 이승만은 게일(James S. Gale), 아펜젤러, 언
더우드 등 당대의 위대한 선교사들과 깊은 교분을 나누었다. 특히
선교사 게일은 이승만이 회심(悔心)하는 과정과 출옥한 이후에 미
국에서 유학하는 과정, 그리고 공부를 마치고 돌아와서 YMCA에
서 한국인 총무로 일하는 모든 과정에 후견인으로, 멘토로 역할을
했다.29)

게일은 그의 저서『전환기의 한국』에서 복당(福堂: 한성감옥)
에 모인 정치범들의 성경연구 및 기도반에 대하여 "벙커 목사 부
부가 정기적으로 방문했던 이승만, 유성준, 김린, 이상재, 이원긍,
김정식 등의 감옥은 처음에는 '진리 탐구의 방(an inquiry room)'
으로 시작하여 '기도의 집(a house of prayer)'이 되었다. 그리고
'예배당(a chaple for religious exercise)'으로 바뀌었다가 급기야
'신학당(a theological hall)'이 되었다. 이 과정을 끝내자 하나님께
서는 이들을 모두 감옥에서 내보내어 사역하도록 하셨다. 그들은
높은 사회적 지위와 정치적 영향력, 그리고 우수한 한문 실력 때
문에 이 나라 수도의 기독교계에서 최초의 지도자들이 되었다."라
고 기술하고 있다.

012 이승만 시기 한국의 부흥운동

이승만 시기 한국에서 일어난 부흥운동은 세계 기독교 역사에서
도 경이롭게 여기는 연구 대상이다. 이승만은 한국교회 부흥운동
을 통해 많은 영향을 받았다. 미국교회는 한국에서의 거대한 부흥
운동에 감동을 받았고, 한국에서 온 젊은 유학생을 크게 우대했다.
20세기에 접어들면서 한반도에서 세 차례에 걸쳐 부흥운동이
일어났다. 1903년 원산 부흥운동, 1907년 평양 대부흥운동, 1909

---

29) 김명구, 『한국기독교사1-1945년까지』, (서울: 예영커뮤니케이션, 2018),
   217.

년의 백만인 구령운동이 그것이다. 한반도에서 일어난 부흥운동은 5천 년 역사 이래 잠자던 이 나라와 역사를 깨웠다. 나라를 빼앗기고, 가난과 배우지 못한 설움을 안고 비참하게 살던 사람들이 교회를 통해 구원을 받고, 새로운 문화를 배우고, 세계를 향해 발돋움하는 기회가 되었다. 그래서 감옥에서 나온 선각자들이 교회로 몰려들었다.

한국교회의 놀라운 부흥운동은 한국만의 독특한 현상이 아니라 전 세계적으로 일고 있던 부흥운동과 깊은 관련이 있었다. 한국에 부흥운동이 일어나고 있을 19세기 말에 미국에서는 무디 부흥운동, 20세기가 시작되면서 영국에서는 1904년 웨일즈 부흥운동, 1904년 호주 부흥운동, 1905년 인도 부흥운동, 1906년 미국의 오순절운동 등 전 세계적으로 부흥운동이 일어났다. 20세기 초엽에 전 세계적으로 이 같은 놀라운 부흥운동이 연속적으로 일어난 것은 세계선교를 앞당기시기 위한 하나님의 섭리였다. 이 시대만큼 선교가 활발하게 진행된 적이 없으며, 그 세계선교운동 가운데서도 눈에 띄게 두드러진 곳이 한국이었다.

1876년 강화도조약이 체결된 뒤 1894년 청일전쟁, 1904년 러일전쟁, 1905년 을사조약, 1907년 고종의 퇴위, 1910년 한일강제병합, 1911년 105인 사건에 이르기까지 이 시대 조선의 역사는 비운의 역사였다.

당시 조선은 러시아, 청, 일본 등 강대국들의 야욕 앞에 힘없이 무너져 내렸고, 한반도는 청일전쟁과 러일전쟁의 전쟁터가 되었다. 그 시대의 민중들은 이구동성으로 의지할 유일한 대상이 전능하신 하나님이라고 고백했다. 나라를 **빼앗긴** 암울한 시대적 환경은, 국가의 근간인 불교와 유교 사상의 백성들이 기독교를 받아들일 토양이 되었다. 이승만도 이런 와중에 태어나 부흥운동의 영향을 받으며 성장했다.

013 원산 부흥운동(1903년)

1903년 8월 24일부터 30일까지 원산지역 주재 선교사들이 모여서 가진 기도회 동안에 일어난 원산 부흥운동은 평양 대부흥운동의 모체였다. 초기 부흥운동의 모든 자료는 평양 대부흥운동을 거슬러 올라가 원산 부흥운동으로 귀결된다.

원산 부흥운동을 발흥시켰던 기도회는 두 명의 여선교사들에 의해 시작되었다. 중국의화단 사건으로 원산으로 피신해온 여선교사 화이트(Mary Culler White)와 카나다 장로교 출신 여선교사 맥컬리(Louise Hoard McCully)가 선교사들과 한국인들 가운데 부흥이 일어나게 해달라고 기도하기 시작했다. 이 기도회 소식이 주변에 알려지면서 다른 선교사들도 하나둘씩 기도회에 합류하였다. 이들은 기도회를 공개적으로 갖기로 하고 의료선교사 하디(Robert A. Hardie)에게 어떻게 하면 효과적으로 기도할 수 있는지에 관한 강의를 부탁했다.[30]

명문 토론토대학 의과대학을 졸업하고 한국에 입국한 하디는 그 내면에 학력과 의사라는 직업에 대한 교만함, 영국 시민이라는 백인우월주의, 가난한 한국인에 대한 편견과 인종차별 의식이 깊숙이 자리잡고 있었다. 기도회가 시작되기 전부터 하나님의 나타나심과 말씀을 통해 은혜를 경험한 하디는 기도회를 인도하는 동안 내내 회개의 눈물을 흘리면서 동료 선교사들 앞에서 공개적으로 자신의 죄를 통회했다. 하디의 고백은 동료 선교사들과 한국인들이 나라를 빼앗긴 잘못을 뉘우치면서 성령의 역사가 계속되었다.

하디는 원산에서 철원, 개성, 서울로 향했다. 주님은 예외 없이 하디가 가는 곳마다 놀라운 은혜를 부어주셨는데, 하디의 인도로 숭실학교와 배재학당, 배화학당 학생들도 통회하는 역사가 나타났다. 하디는 안식년을 떠나기 전 10월에 서울과 제물포와 평양 세 곳에서 집회를 인도했고 이들 집회에서도 성령의 역사가 일어났으며 일본에 나라를 빼앗긴 억눌린 마음이 폭발하듯이 분출되었다.[31]

014 평양 부흥운동 (1907년)

1907년에 평양을 중심으로 일어난 부흥운동은 한국 기독교 역사의 분수령이 된 역사적인 사건이었다. 하디가 안식년을 떠난 후

30) 위의 책, 262.
31) 위의 책, 263.

1905년에 접어들어 개성을 중심으로 영적 각성이 계속되었다. 1905년 9월 장로교 4개 선교회와 감리교 2개 선교회 소속 선교사들은 함께 모여 '한국복음주의선교공의회(The General Council of Evangelical Missions in Korea)'를 조직하고 하나의 민족교회를 꿈꾸며 한국의 복음화를 위해 힘을 모으기로 의견의 일치를 보았다.[32]

평양 대부흥운동은 1907년 1월 14일과 15일 평양 장대현교회에서 열린 평안남도 남자사경회 기간 중 폭발했다. 그 부흥의 현장 한가운데 서 있던 조지 매큔(George McCune)은 이때 임한 성령의 역사가 영국 웨일즈와 인도에서 일어난 성령의 역사를 훨씬 능가할 것이라고 보고했다. 그것은 지금까지 그 어떤 성령의 역사보다도 더 강력하고 놀라운 성령의 나타남이었다는 것이다. 장로교인 장대현교회에서 시작된 이 부흥의 불길은 곧 교파를 초월하여 평양 남산현감리교회를 비롯한 평양 전역으로, 한반도 전역으로 불길처럼 번져 나갔다. 그 결과 1907년 1월과 6월 사이 한반도 전역에서는 성령의 불길이 훨훨 타올랐다. 이 놀라운 부흥의 불길을 경험한 노블(William Arthur. Noble) 선교사는 흥분을 감추지 못하고 코리아미션필드(Korea Mission Field)에 이것은 1세기 초대교회 사도행전 이후 세계적으로도 가장 강력한 성령의 역사라고 증언했다.

---

32) 위의 책, 273.

1907년의 결과 한국교회는 전국적 조직망을 갖게 되었고, 교회와 미션스쿨, 병원과 기독교 단체가 유기적인 역할을 하게 되었다. 신앙적인 영역과 이데올로기의 영역이 합치되었고, 여기에 전국적인 조직도 갖추게 되었다. 1907년의 신학은 한국교회 신학의 원형이 되었다. 또한 1915년에 시작된 한국 산상기도회와 신유집회, 노상집회와 심령부흥회의 효시가 되는 강화 마리산부흥회, 1920년대 김익두의 귀신을 물리치고, 병자를 고치는 치유사역과, 1930년대 이용도의 신비적 영성에 영향을 미쳤다. 3.1운동이 가능했던 것도 1907년의 공헌이며, 민주주의 개념이 교회를 통해 확산하게 되었던 것도 1907년의 신학 덕분이다. 평양 부흥운동은 항일의 사상적 근원을 제시했으며, 한국의 독립에도 큰 공헌을 했다.33)

015 백만인 구령운동(1909년)

1903년 원산 부흥운동, 1907년 평양 대부흥운동을 거치며 한국 기독교는 교세가 급격히 성장했으나 2년이 지나면서 그 열기가 쇠락하는 듯했다. 이에 선교사들은 새로운 대규모 부흥운동을 계획했다. 1909년 7월 12일, 일본의 한국강점이 구체적으로 진행되고 있을 때, 남감리회 개성 선교부 소속의 선교사 갬블(F. K Gamble), 리이드(W. T. Reid), 스톡스(M. B. Stokes)가 함께 모여 기도를 시작했다. 4일째 되는 날 새벽 4시, 선교사들은 성령의 역사가 허

---

33) 위의 책, 296.

락되었다는 확신을 갖게 되었다. 1909년 9월 2일부터 개최된 남감리교 재한선교부 연회는 개성 선교부의 제안을 받아들였다. 그리고 "20만 명을 그리스도에게로"라는 슬로건을 채택했다. 이후 서울에서 열린 "재한복음주의선교회연합공의회"에서 남감리교가 채택한 슬로건을 논의했다. 여기에서 리이드(W. T. Reid)는 개신교 전체의 전도 표어로 "백만인을 그리스도에게로"로 사용할 것을 제안했고, 만장일치로 결의되었다. 선교 50주년까지 북장로교는 70만 명, 북감리교는 40만 명, 남장로교는 26만 명, 캐나다 장로교는 26만 명, 호주 장로교는 20만 명, 남감리교는 18만 명의 영혼을 구해 내겠다는 목표를 정했다.34)

평양, 원산, 목포, 공주, 선천, 제물포 등 영적 각성을 체험했던 모든 지역에서 성령 임재의 체험이 목도되었고 수천 명의 결신자들이 생겨났다. 1907년을 비껴갔던 서울의 새문안교회나 YMCA 등도 영향을 받았다. 1910년 6월 22일부터 언더우드, 이상재, 김규식, 길선주, 애비슨(Oliver R. Avison) 등을 강사로 제1회 학생 YMCA 사경회가 성황리에 개최되었다. 이 운동이 전개되는 동안 교회의 조직체계와 공동체 의식이 확고해졌다. 이웃을 그리스도에게로 이끌기 위해 재정과 시간을 드려야 한다는 의식도 각인되었다. 더불어, 시대적 시련이 있어도 오직 구원의 길은 그리스도에게 있다는 뚜렷한 신앙의식도 확인되었다. 광범위하게 성경이 배포되

---

34) 위의 책, 297-298.

었고, 복음을 전하기 위해 가가호호 가택을 방문하는 전통도 생겨 났다. 열정과 헌신으로 역사의 주관자께 매달리는 모습을 보였고, 복음을 통한 민족 구원이 백만인 구령의 핵심이라는 것도 전했 다.35)

016 20세기 초기 한국 부흥운동의 결과

1903년 원산 부흥운동, 1907년 평양 대부흥운동, 1909년의 백 만인 구령운동은 잠들어있던 한국의 5000년 역사를 깨웠다.

부흥운동의 대표적 성격은 죄의 통회 자복이다. 부흥운동에 참 가한 이들은 회개를 통해서 하나님과의 인격적인 만남이 이루어짐 으로써 하나님이 '나'와 함께함은 물론 '우리 민족'과 함께한다는 신앙고백을 하게 되었다.36) 그 결과 한국교회는 초대교회의 경건 주의적 신앙을 회복할 수 있었으며, 내면화된 신앙을 통해서 성숙 한 신앙으로 올라갈 수 있었다.37)

부흥운동을 통해 한국교회가 급격하게 성장했다. 또한 부흥운동 은 기독교 학교 증가에도 많은 영향을 미쳤다. 1906년 6월 현재 208개의 학교가 이듬해 같은 달에는 344개로 늘어나 무려 130개 이상의 학교가 증가됐다. 기독교 계통의 학생들이 성인이 됐을 때

---

35) 위의 책, 299-301.
36) 김중기, "한국교회의 성장과 그 요인분석", 한태동 교수 회갑 기념 논문 집, 『신학논단』 제16집, 274.
37) 김인수, "1907년 평양 대부흥운동", 김인수 칼럼(4,5), 『기독일보』.

기미 3·1독립 운동이 촉발된 것은 결코 우연이 아니다.[38]

부흥운동을 통해 한국교회의 특징이 확립됐다. 길선주 장로가 주도한 '새벽기도회'라는 한국교회의 독특한 기도회가 정착되었다. 그리고 통성기도라는 한국 특유의 기도 방법이 도입되었다. 또한 이 기간에 철야기도가 시작되었다.[39] 부흥운동의 결과로 생겨난 기도회는 오늘까지 한국교회의 영적 자산으로 이어지고 있다.

부흥운동은 한국교회 지도자들과 선교사들을 성령 안에서 하나로 묶어주었다. 그동안 선교사들은 한국교회 지도자들에 대해 우월의식이 있었다. 이런 구도 속에 이 두 그룹 간, 눈에 보이지 않는 갈등이 존재했다. 부흥운동을 통과하면서 선교사들도 자신들이 죄인임을 확인했고 한국 교인을 자기들과 동등한 형제로 받아들였다. 그 결과 선교사들과 한국교회는 교육사업, 의료사역, 해외선교, 복음전도, 문서선교, 성경 번역에 이르기까지 협력을 아끼지 않았다.[40]

부흥운동으로 에큐메니컬 운동이 일어났다. 사경회에 장·감 연합으로 모였고, 두 교단은 서로 강단을 교류했다. 길선주 목사는 여러 감리교회에 다니며 사경회를 인도했고, 감리교회 목사들도 장로교회에서 집회를 인도하는 초교파적 성격을 띠었다. 부흥운동은 교파간의 간격과 갈등을 해소하는 좋은 결과를 가져왔다.[41]

---

38) 같은 신문.
39) 같은 신문.
40) 같은 신문.

017 신사참배 반대 운동

1913년 무어(F. S. Moore) 박사[42]는 "한국교회에 시련이 닥쳐올 것인데 그것은 생사가 걸린 심각한 시련일 것이다."라고 피력한 바 있다. 그 말의 예언처럼 1918년 일본은 신사를 들여왔고, 1930년대 초반 중국 침략을 계기로 사상통일을 위해서 모든 국민에게 신사참배[43]를 강요했다. 3.1운동이 실패하자 교회는 현실에 대한 체념적 태도를 갖게 되었고, 마침내 일본은 교회로부터 신사참배 가결[44]이라는 엄청난 굴복을 받아낸다.[45] 1938년 말부터 1945년 여름까지 한국교회는 교회 대표들이 신사에 가서 일본신을 참배하고 '가미나다'라고 하는 이동식 신사를 교회당 안 동편에

---

41) 같은 신문.

42) 성기태, 『한국장로교회사』, (서울: 총회신학연구원, 2005), 110.

43) 신사는 일본의 민간종교 신도(神道:Shintoism)의 사원이다. 일제강점기에 일본이 천황 이데올로기를 주입하기 위해 곳곳에 신사를 세우고 한국인에게 강제로 참배하게 했다. 일본은 신사를 중심으로 천황도 신격화하여 자국민의 정신적 지배는 물론, 군국주의적 침략 정책 및 식민지 지배에도 이용하였다.

44) 김창중, "신사참배와 장로교회의 대응", 총신대학교 대학원 석사 논문, 2005. 93. 신사참배를 가결한 당일 부회장 김길창 목사 안내로 전국 노회장 23명이 총회 대표로 참배한다. 대한예수교장로회 27회 총회장 홍택기 목사는 1938년 9월 평양 서문밖교회에서 신사참배를 가결하였다. 가(可)와 부(不)를 물어야 하는 의사 진행 방식에서 총회장은 오직 '가'만 묻고 '부'는 묻지 않는 의결을 했다. 북장로회 선교사 헌트(B. F. Hunt, 한부선)가 일어나 "불법이요, 불법"이라고 소리쳤으나 형사들에 의해 끌려나가고 만다.

45) 조종필, "일제 말 한국 기독교의 수난과 대응", 성공회대학 신학대학원 석사 논문, 2006. 49. 당시 신사참배 거부로 투옥된 자는 2천여 명, 2백여 교회가 폐쇄, 50명이 순교당했다.

두고 그것을 예배하도록 강요받았다.46)

한국교회 지도자들과 선교사들은 종교의식(Cultic Nature)이 있고 10계명 중 1, 2계명에 저촉되는 우상숭배라고 지적하고 강력하게 반대한다. 일본은 반대자들을 무참히 투옥, 고문하고 기독교 학교를 폐쇄하고 선교사들을 추방하고 계속해서 국민의 민족 정체성까지 말살하려고 일본어 상용(1937. 3.), 창씨개명(1939. 11.)47) 등을 강요하기에 이른다.

한국교회 일부 지도자들이 강력하게 신사참배 반대 운동을 벌이며 신앙회복운동을 전개했다. 감리교회의 강종근 목사48)를 비롯해 한상동 목사49), 주기철 목사50), 손양원 목사51), 이기선 목사, 박

---

46) 『데일리서프』, "특집 한국교회 부끄러운 과거①" 2005. 9. 18. http://www.dailyseop.com/index.htm.

47) 창씨개명은 일제 강점기에 조선인의 성과 이름을 일본식으로 바꾸도록 강요한 일이다. 창씨를 거부하는 자는 불령선인(不逞鮮人)으로 몰아 감시케 했으며 그 자녀들의 학교 입학을 금지했다.

48) 강종근 목사(1901-1942)는 1937년에 철원지방 연천구역에 파송되어 목회했고, 1938년에는 창도교회, 1939년에는 목사안수를 받고 철원제일교회에서 목회했다. 철원제일교회는 강원도 최초의 독립만세운동 때 박연서 목사를 중심으로 중심적 역할을 했으며 이후 철원애국단을 조직하여 상해 임시정부와 관계하며 독립운동을 했던 교회로 이런 발자취는 선교적으로도 큰 부흥을 이룰 수 있었다. 강 목사는 신사참배에 대해서도 끝까지 거부하자, 징역 1년 6월을 받고 서대문형무소에서 수감 중 혹독한 고문과 신문으로 신병이 약해져 세브란스병원으로 옮겨 갔으나 1942년 6월 3일에 06시 "나는 기뻐요."라는 말을 아내 윤희성에게 남기고 38세에 순교하였다.

49) 한상동 목사(1901-1976)는 1925년 세례를 받고 호주 장로교 선교부(APM)의 배려로 진주광림학교 교사(1927-1928)로 일하던 중 목회의 소명을 받아 평양신학교(1933-1936)에서 수학, 1929년 하동 진교리, 부

관준 장로 등이 신앙회복에 힘썼다. 만주지역에서는 박의흠, 김형락, 김윤섭 등이 활동하였으며, 평남의 안주노회는 임시노회를 열고 만장일치로 "학교문을 닫을지라도 교리에 위배되는 참배는 할 수 없다."라는 결의를 하며 신앙회복운동에 나선다.52) 미북장로교 헤밀턴(F. E. Hamilton) 선교사는 경제적 지원을, 헌트(B. F. Hunt) 선교사는 만주에서 신사참배 반대를 지도하고 격려했다.53)

산 초량교회(1936) 전도사, 1937년 3월 경남노회에서 목사 안수, 마산 문창교회(1937-1939) 목회, 신사참배 반대로 교회를 사면하고, 밀양 마산리교회(1939) 목회, 평양 산정현교회, 부산 초량교회, 삼일교회(고신측 중심교회)를 목회.

50) 주기철 목사(1897-1944)는 1921년 평양의 장로회신학교에 입학하여 1926년에 졸업하였다. 1926년 부산 초량교회의 목사로 부임하였고, 경남성경학원을 세워 후진교육에 힘썼다. 1936년 평양산정현교회에 부임했다. 그 교회에는 민족주의자 조만식(曹晩植)·유계준(劉啓俊)·오윤선(吳胤善) 등이 출석하고 있었다. 1939년 7월 신사참배 반대로 경찰에 검거되어 감옥에서 고생하다가 1944년 4월 13일 병감(病監)으로 옮겨지고 4월 20일 부인 오정모와 마지막 면회를 한 뒤 4월 21일 감옥에서 병사하였다.

51) 손양원 목사(1902-1950)는 부산 나병원교회, 울산 방어진교회, 남창교회, 양산의 원동교회 등에서 전도사로 활동하였다. 1938년 평양 장로회신학교를 졸업한 이후 줄곧 여수의 나병환자 요양원인 애양원(愛養院)의 교회에서 봉사하였으며 신사참배의 강요에 굴복하지 않음으로써 1940년 체포되어, 광복이 되어서야 출옥하였다. 그 뒤 애양원교회에서 다시 일하다가 1946년에는 목사 안수를 받았다. 1948년 10월 여수·순천 사건 당시 두 아들이 공산당들에 의하여 살해되었다. 계엄군에 의하여 살해자가 체포되어 처형되려는 순간에 구명운동을 전개하여 안재선이라는 살해범을 살려내고 양아들로 삼았으나 곧 6·25전쟁이 일어나면서 공산군에 체포되어 미평에서 순교하였다.

52) 성기태, 『한국장로교회사』, 130-131.

53) 조종필, 『일제말 한국 기독교의 수난과 대응』, 50.

신사참배 거부로 투옥된 이는 2,000여 명에 달하고 200여 교회가 폐쇄되고 강종근, 주기철 목사 등 50여 명이 순교했다.54) 1945년에 일본은 국내 개신교단을 통합한 연합기구를 만들게 하고 사복음서를 제외하고 모든 구약과 신약성경을 교회에서 읽는 것과 가르치는 것을 금지시키므로, 교회는 신앙이 변질되고 약화되어 갔다. 그러나 순수한 신앙의 뿌리, 순교의 씨앗은 한국교회를 지탱하는 뿌리가 되었다.

4) 이승만의 탄생과 성장

"내가 또 주의 목소리를 들으니 주께서 이르시되 내가 누구를 보내며 누가 우리를 위하여 갈꼬 하시니 그 때에 내가 이르되 내가 여기 있나이다 나를 보내소서 하였더니"(사 6:8).

018 이승만의 출생과 어머니의 영향

이승만(李承晩 1875.3.26.-1965.7.19.)은 19세기 말, 조선이 격동의 전환기로 개화세력과 수구세력의 갈등과 대립이 심화하던 시기인 1875년 3월 26일에 황해도 평산군 능내동에서 태어났다. 조선 후기 서북지역의 전형적인 몰락한 양반 가문 '6대 독자'55)로

---

54) 황홍렬, "한국 개신교회의 선교역사(3)" 23.

55) 그는 조선의 개국원조인 이태조의 장손인 동시에 이조 제3대 왕인 태종의 장남인 양녕대군의 9남 중 5남 장평부정(長平副正)의 14대손인 이경선의 외아들이었다.

유교적 분위기에서 자랐다. 부친의 한량 기질로 가세가 기울자, 자녀교육에 남다른 열정을 가진 모친의 설득으로 1877년 서울로 이사하여 남대문 밖 염동에서 살다가 낙동으로 옮겼다.

이승만은 6살에 낙동서당에서 천자문을 떼어 신동으로 알려졌다. 10살[56]부터 19살까지 도동서당에서 동몽학습, 통감, 사서삼경, 당송 시문을 암송하여, 서당에서 치르는 종합시험에서는 항상 장원을 차지한 천재였다. 그의 이러한 실력은 후에 미국 유학 시절에 조지워싱턴대학교에서 학사, 하버드대학교 석사, 프린스턴대학교 박사학위를 5년여에 걸쳐 졸업할 수 있는 학문적 토대가 되었다. 이승만은 이 같은 뛰어난 실력으로 14-19세까지 과거에 응시했는데, 11번을 낙방했다. 조선말 부패한 정부로 인하여 재물과 권세 없이는 합격이 불가능했기 때문이다.[57] 고종 치하의 조선은 몰락의 길을 걷다가 결국 나라까지 빼앗기게 되었으니, 왕정에 대한 이승만의 분노는 마음속에 한으로 뿌리 깊게 자리 잡았고, 개혁 운동에 참여한 직접적인 동기가 되었다.

이승만은 당시의 한국 사회가 그러하듯이 어머니와 누이들이 신봉하던 불교로부터도 많은 영향을 강하게 받았다.[58]

---

56) 이승만은 10살 때 도동으로 이사하였다. 집이 우수현 남쪽이라 하여 이승만이 후에 자신의 아호를 '우남(雩南)'이라고 지은 연유가 되었다. 유영익, 『이승만의 삶과 꿈 – 대통령이 되기까지』, (서울: 중앙일보사, 1996), 16.

57) 김현태, 『교육혁명가 이승만 대통령의 교육입국론』, (서울: 도서출판 샘, 2022), 48.

"아이를 얻으려면 대부분 절간이나 이웃 마을 언덕에 가서 제물을 바쳐야 했다. 어머님도 종종 하시는 말씀이 서울 서쪽에 있는 절간에 있는 부처님이 나를 낳게 해주었다 하였다. 어머니가 그 절간에 가서 제를 올린 직후 꿈에 용 한 마리가 당신 품에 안겼다고 했다. 그래서 아이 때 이름이 용(龍)이었다."[59]

대부분의 한국 어머니들이 아이를 얻기 위해 불교의 절에 가서 지성을 드렸던 것처럼, 이승만의 어머니도 절을 찾아가 제를 올리는 것을 중요하게 생각했고, 그때 꾸었던 꿈을 따라 승만의 이름을 '용'이라고 하였다. 그래서 이승만은 '승만'으로 이름을 고친 13세까지 '승용'이라는 이름을 가지고 살았다. 이승만은 출생 이후에도 어머니의 손에 이끌려 불교를 경험했다.[60]

"생일만 되면 어머니는 나를 서울에서 7,8마일 떨어진 도모개에 있는 절로 보내 부처님께 제물을 바치며 장수와 복을 받게 해달라고 빌도록 하였다. 제물을 바치기 사흘 전부터 나는 집에서 금식하면서 사람이나 짐승 시체, 혹은 피 같은 불결한 것을 보지 않도록 몸가짐을 조심하였다. 내 믿음을 보여주기 위해 나는 말을 타지 않고 어린 하녀 한 명만 데리고 걸어서 큰 고개를 세 개 넘어 절간으로 갔다."[61]

---

58) 손세일, 『이승만과 김구 1875-1919』, (서울: 나남출판사, 2008), 37-46.
59) S. Rhee, "Child Life in Korea" *Korea Mission Field*, (1912), 94.
60) 서홍인, "해방 후 국가 건설과 기독교인의 활동 연구", 감리교신학대학원 석사학위 논문, 2009. 21.
61) S. Rhee, "Child Life in Korea", 96.

증언대로, 이승만은 생일이 되면 어머니의 손에 이끌려 절에 가서 복을 비는 일을 해야 했다. 그리고 그것을 위해 금식하며, 불결한 것을 피하며 자신을 거룩하게 하는 것을 몸에 익혔다. 이승만은 자신에게 믿음이 있음을 보이기 위한 행동도 주저하지 않았다.

어린 시절부터 어머니와 함께하였던 이러한 불교생활이 어린 승만의 내면에 실제적인 영향을 끼쳤음을 알 수 있다. 서당장의 딸로 태어난 이승만의 어머니는 어린 아들에게 불교뿐 아니라, 가문의 전통을 따라 유학의 가르침에도 힘썼다. 몰락한 양반 가문의 자녀로서 이승만이 취할 수밖에 없는 길이었다고 보인다. 이렇게 어릴 때부터 불교 신앙과 한학의 영향 아래 있었던 이승만에게 기독교가 좋게 평가되지 못한 것은 당연하였다.62)

"내가 아이 적에 미국 선교사들이 도라 단니며 길가에셔 복음을 전도하는 것을 흔히 보았으나 우리는 그들을 몹시 업수히 녁엿스며 나는 스스로 항상 생각하기를 '다만 무식하고 빈한한 사람들만 저 선교사들의 말을 들으러 단니고 나는 공자와 석가여래의 일과 이 세상 여러 종교를 다 알 지자' 생각하고 우리는 저 선교사들을 지목하여 '양고자'라고 부르고 우리의 고유한 신령들에게 지성으로 긔도하여 아못조록 저 예수교가 우리나라를 위해 하기 전에 진즉 이것을 망하게 하여달라고 하엿노라."63)

---

62) 서홍인, 앞의 책, 21.

019 이승만이 기독교를 만나다

한학에 상당한 성취를 이루고, 불교에 심취했던 이승만이 서양
학문과 기독교를 접한 것은 대한민국을 세우기 위한 운명적인 만
남이었다. 이승만은 선교사들이 이곳저곳을 다니며 전도하는 것을
보며, 그들의 말을 믿는 사람은 무식한 사람들이며, 자신은 공자와
석가의 말을 아는 사람이라며 우월감을 느꼈다. 그리고 선교사들
이 전하는 기독교가 한국을 해하는 것이라 여겨 선교사들의 사업
이 망하게 될 것을 위해 기도하였다. 그런데 아이러니하게도 이승
만이 9살 되던 해 천연두로 눈이 멀게 되었을 때 의사였던 선교사
알렌의 도움으로 사흘만에 치료되기도 하였다.

이승만이 15세가 되던 1890년 이승만은 부모가 간택한 박승선
(1876~1950년)과 결혼하여 아들(봉수)을 낳았다. 박승선은 이승만
의 투옥 생활 때 시아버지를 잘 모셨지만 1912년 이혼하였다.

갑오경장[64]으로 과거제도의 폐지[65] 이후 정부는 새로운 학문에

---

63) 이승만, "리승만 박사의 경력담", 『신한민보』, 1919년 9월 20일.
64) 갑오경장(갑오개혁)은 1894년 7월부터 1896년 2월까지 약 19개월 동안
   3차에 걸쳐 정치·경제·사회 등 여러 방면에서 진행된 근대화 개혁이다.
   동학농민운동이 들불처럼 일어나자 조선정부에서 개혁의 필요성을 느끼
   고 고종(高宗) 31(1894)년, 갑오년에 조선정부가 근대적인 서양의 법식
   (法式)을 본받아 새 국가체제를 개혁했다. 정치·사회개혁의 대표적인 것
   으로는, ① 청국과의 조약폐지, ② 개국기원의 사용, ③ 문벌(門閥)과
   신분계급의 타파, ④ 인재 등용 방법의 쇄신, ⑤ 노비제도의 폐지, ⑥
   조혼금지, ⑦ 부녀자의 재가허용 등이었고, 경제개혁의 대표적인 것은
   ① 통화정리, ② 조세의 금납제(金納制), ③ 도량형(度量衡)의 통일, ④
   은행 및 회사의 설립 등이 시도되었다. 청일전쟁(1894~1895)의 와중

의한 인재 등용을 시도하였다. 많은 사람이 새로운 학문을 배우기 위해 선교사들이 운영하는 학교로 모여들었다. 그들은 영어를 배워 출세하려는 부푼 기대를 안고 있었다. 특히 정부에서 졸업생과 재학생을 등용 시험 없이 정부 관리로 임명하는 배재학당66)의 인기는 날로 증가하였다. 이승만은 기독교와 서양 학문을 배척했는데, 1895년 그의 좋은 친구 신긍우(申肯雨)의 끈질긴 권유로 배재학당 영어부에 입학하였다.

"그들이 천지간의 질서를 바꾸고 싶다면 마음대로 해보라지. 난 어머니의 종교를 절대로 포기하지 않겠다."67)

에서 일본군의 비호 아래 진행된 이 개혁은 대중의 호응을 받지 못하여 실효를 거두지 못한 면도 있으나, 이 개혁을 기점으로 근대화가 점차적으로 정착되어 갔다.

65) 조선의 과거제도는 문관을 뽑는 문과와 무관을 뽑는 무과, 기술관을 뽑는 잡과가 있었고, 관리선발에 과거뿐 아니라 음서와 천거도 병행하였다. 과거제도는 갑오경장에 의해 폐지되었다.

66) 배재학당은 1885년 7월 서울에 도착한 아펜젤러가, 1개월 먼저 와 있던 W. B. 스크랜턴의 집을 구입, 방 두 칸의 벽을 헐어 만든 교실에서 2명의 학생을 가르치기 시작한 것이 그 시초이다. 이에 고종은 1886년 6월 '배재학당(培材學堂)'이라는 이름을 지어 간판을 써 주었다. 배재학당은 기독교인과 국가 인재 양성을 위하여 일반 학과를 가르치는 외에, 연설회·토론회 등을 열고 사상과 체육 훈련에도 힘을 쏟았다.

67) 로버트 올리버, 『이승만-신화에 가린 인물』, 황정일 역, (서울: 건국대 출판부, 2002), 30.

5) 배재학당에서

기독교에 대한 반감이 깊었던 이승만은 친구 신흥우의 끈질긴 권유로 영어를 공부하기 위해 스무 살에 배재학당에 입학하였고, 영어와 서양의 문물을 본격적으로 접했다. 바로 여기서 그의 운명적인 전환점이 발견된다. 이승만이 배재학당에서 배운 영어와 서양의 역사, 기독교는 새로운 혁명적 사상이었기 때문이다.[68] 배재학당 초기 이승만의 관심에서 종교는 배제되어 있었다.

> "비록 내가 예수교 학교에 입학은 하엿스나 나는 굳게 결심하기를 다만 그 사람들이 가르치는 과정만 공부하고 그들의 종교에는 물들지 안이하리라 하엿으니 아모렴 나도 다른 학생들과 같이 매일 아픔 긔도회는 참여할 수밖에 업셔지마는 그 사람들의 전도하는 말에는 도모지 쥬의하지 안이하엿으며."[69]

이승만은 배재학당에서 이루어지는 기도회와 선교사들의 전도에 주의하며 자신의 신앙적 정체성을 지키려고 하였다. 그가 배재학당을 통해 얻고자 하는 것은 영어와 새로운 학문을 통한 성공이었다. 영어공부에 열심이였던 이승만은 배재학당 입학 8개월만인

---

68) 유영익, 『이승만의 삶과 꿈 – 대통령이 되기까지』, 28.
69) 이승만, "리승만 박사의 경력담", 『신한민보』, 1919년 9월 20일.

1895년 8월에 배재학당의 영어 강사를 겸임하였다. 이승만은 배재
학당에서 영어를 배우면서 서양 국가들의 정치제도와 사상에 관심
을 가지기 시작하였고, 이러한 관심은 그들의 정치와 사상적 배경
이 되는 기독교에 관한 관심으로 발전했다.

020 이승만을 배재학당으로 부르신 하나님

배재학당은 1885년 8월 3일 미국의 감리교 선교사 아펜젤러가
서울에 세운 한국 최초의 근대식 중등교육 기관으로, 기독교 가치
관을 가진 인재 양성에 목적을 두었다.

교과목으로는 한문, 영어, 천문, 지리, 생리, 수학, 수공, 성경
등이 있었고, 연설회나 토론회와 같은 과외활동과 정구, 야구, 축
구 등의 운동도 있었다. 이승만이 다니던 당시에 배재학당은 한국
인, 서양인, 일본인, 청국인이 두루 섞인 국제적인 분위기의 학교
였다.[70] 고종은 1886년 6월 8일 '배재학당(培材學堂)'이란 교명과
액(額)을 내렸다. 아펜젤러의 선교 보고서에 다음과 같이 자신의
교육철학을 보고하고 있다.

> "유용한 인재는 갈보리에서 돌아가신 주의 피로써 구원받지
> 않고는 양육될 수 없다. 학생들은 길을 묻고 있는 중이다. 우
> 리의 기도와 심령의 소원은 이 학교를 특별한 영적인 힘이 넘
> 치는 기관으로 만드는 데 있다."[71]

---

70) 배재학당, 위키백과.

이승만은 배재학당에서 아펜젤러를 비롯한 선교사들, 당시 신문화를 배우고자 했던 젊은이들과 관계를 맺게 되었고, 자연스럽게 독립협회72)와 연결이 되었다. 이승만은 서재필 박사의 강의를 통해 미국의 민주주의 정치사상과 제도에 매료되었다.

그는 1896년 배재학당 졸업식에서 800여 명의 국내외 내빈들 앞에서 '조선의 독립(The Independence of Corea)'이라는 주제로 영어 연설을 함으로써 온 장안의 유명 인사가 되었다.

'조선의 독립'은 조선과 중국 관계, 청일전쟁의 결과 및 당면 과제에 대해, 자주-자유는 물론 부국강병책에 이르기까지 국가개혁에 대한 내용이었다. 하객들은 연설이 끝나자 뜨거운 박수갈채를 보냈다. 서재필은 독립신문에 이날 일을 상세히 보도하면서 이렇

---

71) 이원순, 『인간 이승만』, (서울: 신태양사, 1996), 23.
72) 을미사변으로 일본의 내정 간섭이 심화되고, 1896(고종 33)년 2월 11일 국가 독립의 상징적 존재인 국왕의 러시아공사관 피신(아관파천)은 독립국가의 체면을 손상시켰다. 이에 국가의 자주권 회복, 정치적 혼란 수습, 국민 통합을 위해 반일적 입장을 취하던 정동파(貞洞派)를 중심으로 한 내각은 정부 시책을 국민에게 알릴 수단으로 민간지의 필요성을 느꼈다. 이에 1896년 3월 서재필을 신문 담당 부서인 농상공부의 임시고문관으로 취임하게 하였다. 고종은 아관파천으로 손상된 군주 및 왕실 권위를 회복하려는 조치의 일환으로 독립문을 세워 세계 만국에 조선이 독립국임을 보여주려는 목적으로 독립협회의 창립을 허가하였다. 독립협회는 독립문 건축, 대조선독립협회회보 발간, 반러 운동, 만민공동회 개최 등의 활동을 했으나, 결국 고종과 의견 대립으로 1898년 고종에 의해 해산되었다. 독립협회의 활동은 갑오개혁을 이어 근대적 제도 개혁 운동을 계승했다고 할 수 있다.

게 썼다.

> "그의 연설은 창의적이다. 조선과 중국 관계, 위태로운 현 상
> 황과 독립과제의 논의를 전개한 거침없는 말로 관객들의 열렬
> 한 박수를 받았다. 뜻이 훌륭하고 영어도 알아듣기 쉽게 하였
> 다고 외국인들이 매우 칭찬하더라. 윤치호 씨도 '조선의 독립'
> 이란 연설이 매우 좋았다고 일기에 적었다고 하더라."73)

아펜젤러는 자신이 발간하던 '코리안 리포지터리'에서 다음과
같이 말했다.

> "미숙한 이 졸업생 대표는 '조선의 독립'을 연설 제목으로 택
> 했다. 이것은 조선에서 처음 거행되는 대학(College) 졸업식
> 연제로 매우 적절하다. 독립만이 이들 젊은이들이 교육받은
> 것을 실천할 수 있는 터전을 마련해줄 것이다. 이승만의 어법
> 은 훌륭했고 감정도 대담하게 표현했으며 발음도 깨끗하고 명
> 확했다."74)

이승만은 배재학당에 입학하여 서양 학문을 만나면서 사상적으
로 급진, 진보적으로 변했다. 배재학당을 졸업하면서 『매일신문』75)

---

73) 인보길의 역사올레길, 『시장경제신문』.
74) 같은 신문.
75) 매일신문(每日新聞, 영어: Daily Newspaper)은 1898년 4월 9일(광무
   2년)에 창간된 순한글 신문이다. 대한민국 최초의 일간신문이자, 한국
   인에 의한 최초의 민간 일간지이다. 협성회회보가 폐간된 후 양홍묵·유

을 창간하여 자유, 평등, 민권, 국권 등 근대적 정치사상을 전파했
고 만민공동회76)의 가두 연사로서 활동하기도 했다.

021 한국 최초의 언론인 이승만

이승만은 대한민국 최초의 언론인이라고 할 수 있다.

> "내가 배재학당에 가기로 한 것은 영어를 배우려는 큰 야심
> 때문이었고, 그래서 나는 영어를 열심히 공부했다. 그러나 나
> 는 영어보다도 더 귀중한 것을 배웠는데, 그것은 정치적인 자
> 유이다. 한국의 대중이 무자비한 정치적 탄압 속에 살고 있다
> 는 것을 조금이라도 아는 사람이 기독교 국가에 사는 사람들
> 은 법에 따라 그들 통치자의 독재로부터 보호되어 있다는 말
> 을 처음 들었을 때 이 젊은이의 마음속에 어떠한 혁명이 일어
> 났을 것이라는 것을 쉽게 상상할 수 있을 것이다. 나는 혼자
> 서 우리도 그런 정치이론을 채택할 수만 있다면 짓밟혀 사는
> 나의 동족에게 크나큰 축복이 되겠구나 하고 생각했다."77)

영석·이승만 등에 의해 민족의 대변 기관지로 등장하였다.

76) 만민공동회는 1898년 열강의 이권 침탈에 대항하여 자주독립의 수호와
자유 민권의 신장을 위해 조직, 개최되었던 민중 대회이다. 첫 대회는
독립협회가 러시아의 국권침탈 시도를 막기 위해 조직했지만, 점차 민
중들의 자발적인 운동으로 발전해갔다. 고종이 독립협회를 불법화하고
약속한 개혁안을 무산시키자 11월 5일부터는 42일간의 철야시위가 이
어졌다. 고종은 지방 보부상들을 동원하여 테러를 가하고 군대를 동원
하여 해산시켰으며 독립협회와 만민공동회를 불법화하는 해체령을 포고
했다.

79)

https://syngmanrhee.kr/45/?q=YToyOntzOjEyOiJrZXl3b3JkX3R5cGUiO

"이러한 신념하에 나는 몇몇 청년의 도움을 받으면서 신문을 시작하였는데 '협성회회보'[78]는 한국 사람들만으로 제작되는 신문으로는 우리나라에서 처음의 것이었다. 작은 신문이기는 했으나 나는 그 지면을 통해서 자유와 평등이라는 위험한 사상을 나의 힘을 다해서 역설했다. 아펜젤러 선교사와 다른 사람들은 내가 급진적인 행동을 계속하다가는 목이 잘리게 될 것이라고 여러 번 충고해 주었지만, 그 신문은 친러파 정부와 러시아 공사관의 위협으로 생겨난 여러 가지 고난과 위험을 겪으면서도 계속 발간되었다."[79]

3M6MzoiYWxsIjtzOjQ6InBhZ2UiO2k6Mzt9&bmode=view&idx=283
929&t=board

78) 1898년(광무 2년) 1월 1일, 이승만, 유영석, 양홍묵 등의 주도하에 배재
학당 학생회에서 창간한 대한제국 시대의 주간신문이다.

81)
https://syngmanrhee.kr/45/?q=YToyOntzOjEyOiJrZXl3b3JkX3R5cG
UiO3M6MzoiYWxsIjtzOjQ6InBhZ2UiO2k6Mzt9&bmode=view&idx=
283929&t=board

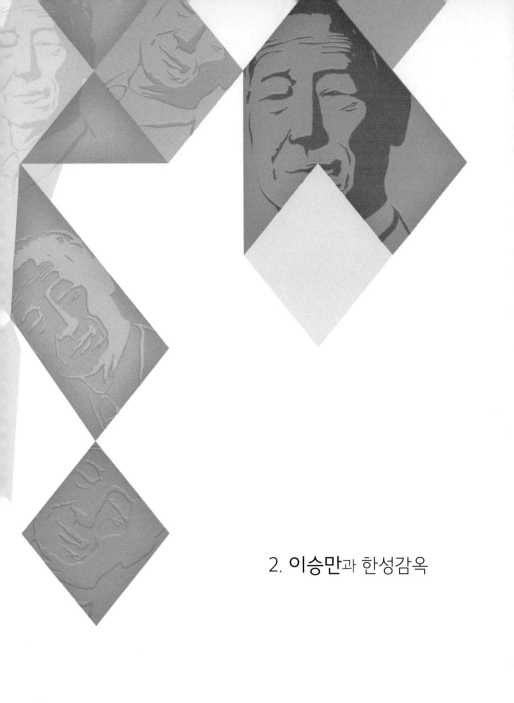

2. 이승만과 한성감옥

2. 이승만과 한성감옥

감옥은 준비된 사람들에게는 최고의 학교이며 훈련소이다. 성경에 의하면 요셉은 감옥에서 이집트를 구원할 준비를 했다. 바울은 감옥에서 옥중서신을 기록했다. 마하트마 간디, 넬슨 만델라는 감옥에서 인도와 남아프리카공화국의 독립을 준비했다. 이승만은 감옥에서 위대한 대한민국을 세울 준비를 했다.

> "간수장이 옥중 죄수를 다 요셉의 손에 맡기므로 그 제반 사무를 요셉이 처리하고 간수장은 그의 손에 맡긴 것을 무엇이든지 살펴보지 아니하였으니 이는 여호와께서 요셉과 함께하심이라 여호와께서 그를 범사에 형통하게 하셨더라"(창 39:22-23).

이승만의 90평생 결정적인 사건은 한성감옥에서 '성령세례'[80]를

---

80) 성령세례는 예수 믿을 때, 혹은 기독교인들에게 일어나는 신비한 체험으로, 불과 같은 뜨거움이 임하거나, 마음에 기쁨과 평화가 가득해지거나, 방언(외국어)을 말하거나, 질병이 치료되는 등의 다양한 현상들이 동반된다. 성령세례의 가장 중요한 현상은 역사의 주관자는 하나님이시며, 예수 그리스도를 구세주로 믿으며, 죄에서 구원받음과 천국을 확실하게 믿게 된다는 것이다.

받은 순간이었다. 하나님은 기독교를 경멸하고 선교사들을 증오했던 23세 청년이 감옥에서 잔혹한 고문을 받으면서 자신도 모르게 배재학당에서 배운 기도가 터져 나오게 하고, 기도한 순간 하나님의 응답이 그를 뜨거운 불로 지져 새로운 인간으로 만들어냈다. 이승만이 한성감옥에서 예수를 마음속의 주인으로 모셨으며, '하나님의 선택받은 자', 곧 '하나님의 종'이 되었다.

1) 감옥의 기적

022 한성감옥으로 이승만을 찾아오신 하나님

이승만은 배재학당의 교육을 통해 무능하고 타락한 절대 왕정에서 신음하는 조선 동포를 위해 미국과 같은 기독교적 민주주의 제도 도입에 일생을 바치기로 결심했다.[81] 배재학당을 졸업한 이승만은 언론인으로 활동을 시작했다. 『매일신문』, 『제국신문』에서 주필로 국민을 계몽하고, 정부를 비판하면서 서재필과 독립협회 회원으로 만민공동회 운동의 선도적 역할을 했다. 이승만이 대중 연사로 백성들에게 큰 인기를 얻자, 고종은 이승만을 회유하기 위해 24살에 중추원 종 9품직의 벼슬을 내렸다.[82]

이승만은 이러한 고종의 회유에도 불구하고, 고종을 폐위시키고

---

81) 유영익, 『젊은 날의 이승만, 한성감옥생활(1899-1904)과 옥중잡기 연구』, (서울: 연세대학교출판부, 2009), 169.
82) 박원철, 『선지자 이승만 대통령』, (서울: 킹덤북스, 2020), 117-118.

민비(명성황후)를 제거하려 했다는 협의를 받고 일본으로 망명한 박영효를 다시 고위 관직으로 불러들여 개혁을 시도하려는 운동에 참여했다. 이에 고종은 이승만을 해임하고 독립협회도 해체했다.83) 쫓겨난 이승만은 박영효 일당의 고종 폐위 쿠데타 모의에 참여했다는 이유로 감옥에 잡혀들어갔다. 이승만은 독립협회 동지 최정식과 같은 감방에서 울적한 나날을 보냈다. 최정식은 어느 날 이승만에게 "당신과 나는 만민공동회의 이름 있는 사람인데 앉아서 죽기를 기다리려 하오?"라고 하면서 탈옥을 권했다.

이승만은 만민공동회를 모아 독립협회를 부흥하자며 탈옥을 결심하고 주상호(周商鎬)에게 권총을 부탁했다.84) 탈옥을 모의한 주시경은 이승만이 탈옥 후 진행할 대중집회도 준비하면서 권총 두 자루를 몰래 감방에 들여보냈다. 이승만과 최정식은 1899년 1월 30일 저녁 때 감옥 문을 뛰쳐나가 서소문 쪽으로 달렸다. 최정식은 추격하는 순검들과 간수들에게 권총을 쏘며 배재학당 담을 넘어 도망쳤다. 감옥 문 앞에서 실랑이를 벌이다 뒤쳐진 이승만은 병사에게 잡히고 말았다.

이승만은 한성감옥에 수감되어 왕을 시해하려는 권총반입과 탈옥 사건으로 죄가 추가되어 사형수가 되었다. 10kg의 칼(형틀)을

---

83) 위의 책, 118.
84) 주상호는 뒷날 국어학자로 유명한 주시경(周時經)이다. 이승만과 고향 (황해도 봉산)이 같고 한 살 아래인 주시경은 배재학당과 독립협회, 독립신문 활동을 함께한 평생동지이다.

쓰고, 탈옥한 최정식이 붙잡히기까지 온갖 고문과 열악한 환경을 견뎌야 했다. 당시에 창궐했던 콜레라 등으로 함께 수감된 사람들이 수없이 죽어 나가는 속에서 기적적으로 살아남았다. 후일 이때를 회상하며, "인간으로서는 도저히 극복할 수 없는 곤경으로부터 하나님의 보이지 않는 손이 나를 구출했다."라고 고백했다.[85]

이승만의 투옥 생활은 그를 기독교에 대한 내면적 이해로 전환되는 중요한 시간이 되었다. 양장한 여자로 변장하고 서울을 빠져나간 최정식은 6개월 만에 다시 체포되어 사형을 받았고, 이승만은 1899년 7월 11일 재판에서 혐의 불충분으로 종신형을 선고받았다가 이후 선교사들의 노력으로 고종황제의 특사 조치를 받아 5년 8개월 만에 석방되었다.[86]

이승만은 감옥에서 성령세례를 받고 마음과 생각과 사상이 변화되었다. 그의 마음속에 상처로 남아 있던 조선왕조에 대한 불신과 기독교에 대한 반감이 사라지고 조선의 독립과 자유, 평등, 비폭력 사상으로 변했다. 감옥에서 간수장, 궁중 엄비의 도움으로 선교사들과 자유로운 왕래가 시작되었다.

023 콜레라가 창궐한 한성감옥의 이승만

1902년 8월 시베리아 연해주 일대에서 발생한 콜레라는 북한지

---

85) 이원순, 『인간 이승만』, 71.
86) 위의 책, 119.

역을 지나 한양을 덮쳤다. 하수도는 물론 상수도도 없이 우물과 개울물을 먹고 빨래하고 목욕하며 사는 한양시민들, 비가 오면 진흙인지 오물인지 악취가 진동하는 왕국의 수도는 콜레라의 천국이었다. 한양은 날마다 수백 명의 시체가 시구문(屍口門: 광희문)과 서소문으로 실려 나가는 죽음의 도시로 변해버렸다.[87]

> "...옥중에 괴질이 먼저 들어와 사오일 동안에 육십여 명을 목전에서 쓸어내일 새, 심할 때는 하루 열일곱 목숨이 내 앞에서 쓰러져 죽는 자와 호흡을 상통하며 그 수족과 몸을 만져 곧 시신과 함께 섞여 지냈으되 홀로 무사히 넘기고, 이런 기회를 당하여 복음 말씀을 가르치매 기쁨을 이기지 못한지라..."[88]

> "...옥중 경력의 두 가지 긴중한 거슬 대략 말삼코져 하오니 이 두 가지 인즉 첫째 깨달은 일이오, 둘째 감사할 일이라..."[89]

불교 신앙과 한학으로 철저하게 무장되어, 그동안 무식한 사람들이나 믿는 것이고, 우리나라를 해하는 것이라 여겼던 기독교의 복음이 이승만의 마음속에 깨달아지는 순간이었다. 하나님께서는 이승만이 아무것도 기대할 수 없는 감옥에 빛으로, 음성으로, 인격적으로 찾아오신 것이다. 옥중에 찾아오신 하나님을 만난 이승만

---

87) 『제국신문』, 1902년 9월 20일.

88) 리승만 '옥중전도' 1903년 [신학월보] 5월호.

89) R.T.Oliver, 『리승만 박사전』, 박마리아 역, (서울: 合同圖書, 1956), 36.

은 감사 기도가 터져 나왔고, 이 같은 이승만의 철저한 회개와 고백은 그가 복음을 받아들였음을 확인할 수 있는 대목이다.

> "그 젼에 내가 져 예수교학교에서 듯던 니약이들을 생각하엿나니 그 니야기를 드를 그 때에는 내가 그 니야기로 말미암아 나의 맘을 영향 쥬지 못하게 하려하엿으나 그러나 그것들은 다 나의 긔억에 인상되여 있었도다. 나의 목에는 무거운 칼이 나려 누르고 발은 착고에 끼우고 내가 그 곧에 매달려 안졋을 때에 예수교의 원만한 의미가 내게 도라와 나에게 새 희망을 쥬니 내가 그 졔는 하눌님께 긔도하여 나의 령혼과 우리 국가를 건지리라고 하여 그 모양으로 나는 령혼샹 위안을 얻엇으니 비록 이 셰샹의 희망으로 나에게 희망이 업섯지마는 다음 셰샹의 희망으로 나에게 무한한 위로가 되더라."90)

024 이승만의 옥중 기도 "우리나라를 구원하여 주시옵소서"

하나님은 이승만이 가장 극적인 고난의 시기에 찾아오셔서, 빛으로, 음성으로, 이승만을 사로잡으셨다. 이승만이 세상의 성공을 위해 배재학당에서 어쩔 수 없이 기도회에 참석하고 말씀을 들을 때에는 마음속에 들어오지 않던 것들이, 감옥에서 칼을 차고 고문을 당하고 있는 고난의 시간에, 기억이 속에서 되살아나 자신의 마음속에 들려오는 경험을 한 것이다. 하나님께서 감옥 속의 이승만을 찾아오시면서 비로소 이승만은 끝임없이 거부하고 대적하던

---

90) 이승만, "리승만 박사의 경력담".

예수를 믿게 되었고, 철저한 회개에 이르는 변화를 통해 절망뿐인 감옥 속에서 희망을 발견하게 되었다. 삶을 포기해야 할 지경에 이르렀을 때 성령세례를 받은 이승만은 조선이라는 한 국가를 인격화해 자기의 구원, 곧 구령(救靈)에서 그치지 않고 하나님께 조선의 구원을 간청했다. 개인의 구원과 국가의 구원을 같은 차원에서 본 것이다.[91] 그의 옥중 기도를 들어보자.

> "나는 감방에서 혼자 있는 시간이면 이 성경을 읽었다. 그런데 선교학교[92]에 다닐 때는 그 책이 나에게 아무 의미가 없었는데 이제 그것이 나에게 깊은 관심거리가 되었다. 어느 날 나는 선교학교에서 어느 선교사가 하나님께 기도하면 하나님께서 그 기도에 응답해 주신다고 했던 말이 기억났다. 그래서 나는 평생 처음으로 감방에서 '오 하나님, 나의 영혼을 구해주시옵소서. 오 하나님, 우리나라를 구해주시옵소서! Oh God, save my soul. Oh God, save our country!'라고 기도하였다. 그랬더니 금방 감방이 빛으로 가득 채워지는 것 같았고 나의 마음에 기쁨이 넘치는 평안이 깃들면서 나는 변한 사람이 되었다. 그때까지 내가 선교사들과 그들의 종교에 대해서 갖고 있던 증오감, 그리고 그들에 대한 불신감이 사라졌다. 나는 그들이 우리에게 자기들 스스로 대단히 값지게 여기는 것을 주기 위해서 왔다는 것을 깨달았다."[93]

---

91) 김명구, 『한국기독교사1』, 219.
92) 배재학당을 말한다.
93) 유영익, 『젊은 날의 이승만』, 60-61.

그 희망은 우리가 기도하면 하나님께서 응답해 주신다는 것이었다. 그래서 이승만은 자신의 처지와 나라의 형편을 놓고 기도하는 사람이 되었다. 이처럼 이승만의 옥중신앙은 그의 절망 속에서 형성되어진 신앙으로 자신의 힘으로 극복할 수 없는 문제들 앞에서 하나님의 도우심을 구하는 구원의 신앙이다.

이승만은 1951년 12월 초 기독교 세계봉사회의 한국대표인 아펜젤러(Henry D. Appenzeller) 목사와 미국의 기독교 잡지 '크리스챤 센추리' 기자 헤롤드 페이(Harold E. Fey)가 방문했을 때 자신은 기독교 신앙인으로 위기 상황마다 하나님의 도우심에 대한 믿음의 고백을 하였다.

> "기독교의 정신과 기도는 우리나라 국민을 위로하고 격려한다. 기독교는 특히 현재와 같은 고통의 시기에 국민에게 큰 힘을 준다. 하나님은 인간적으로 불가능한 것을 이루셨다. 나는 우리의 승리에서 하나님의 손길을 본다."[94]

이는 인간이 가장 비극적인 현실에서 하나님을 만나면서 죄인된 자신을 바로 보게 되고, 옥중 개종이라는 특수한 상황 가운데 형성된 이승만의 신앙으로써, 이승만의 삶을 지탱하는 데 결정적인 힘이 되었다. 이승만은 감옥에서 하나님을 만나면서 자신의 영혼

---

94) Harold E.Fey "Korean president Seek Aid", *The Christian Century* (1952), 6; 김흥수, 『기독교인 정치가로서의 이승만』에서 재인용.

구원과 나라의 구원이 하나라고 생각했다.

이후 이승만은 기독교 복음이 개개인을 구원할 뿐만 아니라 한국도 구원할 수 있다는 신념 아래 행동했다. 그의 외교 독립론이나 건국 사상은 이런 배경에서 세워졌다.

2) 축복의 터전이 된 감옥

025 복당으로 변한 한성감옥

콜레라의 유행으로 수많은 사람이 죽어 나가고, 해충과 빈대가 득실거리고, 대소변의 악취가 진동하던 한성감옥은 이승만에 의해 지옥에서 천국으로 탈바꿈했다. 감옥의 환경은 그대로였지만, 한 사람이 변화되면서 감옥까지 변한 것이다.

이승만은 성령세례를 받고 변화되어 간수들도 무서워 접근조차 하지 못하던 콜레라 환자들을 씻겨주고, 기도해주고, 시체를 수습해주었다. 감옥 안의 이승만 한 사람의 영혼에 예수의 빛이 비추어지자 죽음과 신음, 절망으로 가득 차 있던 어두운 감옥은 천국으로 변하기 시작했다. 어둠은 아무리 깊어도 바늘 같은 빛 한 줄기 앞에서도 맥을 추지 못한다. 이승만은 빌립보 감옥 안에서 간수를 전도하여 그의 집안을 구원시켰던 바울처럼, 감옥 안의 죄수들에게 복음을 전하기 시작했다. 아펜젤러, 언더우드, 벙커(Dalzell A. Bunker) 등 선교사들과 협력하여 죄수들에게 복음을 전하고

교육을 했다.95)

감옥 속에서 한국을 동양 최초의 예수교 국가로 만들겠다는 이 승만의 비전만큼 그것을 더 간절하게 원하셨던 분은 하나님이셨다. 한성감옥에서 하나님은 예수 그리스도의 생명의 복음이 한국의 상류층과 지식인층에 아무런 저항 없이 자연스럽게 스며들도록 역사하셨다.

이승만이 은혜를 받고 있을 무렵, 감옥 안에 새로운 정치범 죄수들이 들어왔다. 그들은 이승만과 독립협회에서 함께 일했던 이상재, 이명효, 이원긍, 김정식, 홍재기와 유성준, 김린 등 당시 개화파 유학의 지식인들이었다. 이들은 모두 이승만을 통해 예수를 믿고 신자가 되었다.

이들의 지성에 복음의 불이 떨어지자 그들은 무서운 속도로 말씀 속으로 파고들면서 성경을 연구하고 기도에 몰두했다. 그리고 그들은 민족의 희망을 예수 그리스도의 복음 안에서 찾으면서 구체화했다. 하나님은 작정하시고 사회의 지도자급 양반 지식인들을 모아 감옥 안으로 보내어 진리의 말씀을 듣고 신앙 훈련을 받도록 섭리하신 것이다. 이들은 한성감옥을 예수 그리스도의 복이 넘친다고 하여 '복당(福堂: The Blessing Room)'이라고 불렀다.96)

---

95) 박원철,『선지자 이승만 대통령』, 128.
96) 위의 책, 129.

026 이승만이 감옥에서 만난 독립운동 동지들

이승만이 감옥 안에서 전도한 사람은 40여 명에 달했다. 선교사들이 적극 협력했고, 새로 부임한 감옥서장 김영선과 간수부장 이중진의 배려로 성경반이 개설되었다. 한 사회를 움직일 수 있는 영향력 있는 양반계층의 지성인들을 집단적으로 믿게 만든 이 사건은 한국교회 역사상 아주 중요한 의미를 갖는다. 이승만에게 복음을 듣고 개종한 사람들의 이력은 다음과 같다.[97)]

이상재: 주미공사 서기, 의정부 총무국장, 독립협회 부의장

이원긍: 문과급제, 대제학, 군국기무처 의원, 독립협회 회원

홍재기: 강계 군수, 중추원 의관, 총리대신 비서관

유성준: 일본 유학, 농상공부 회계 국장, 내부협판

김정식: 경무관, 독립협회 운동 지원

이승인: 이상재의 아들, 부여 군수

신흥우: 배재학당 졸업, 덕어학교 학생회 회장

권형진: 군국기무처 의원, 경무사, 내무아문 참의

이종일: 문과급제, 독립협회 회원, 중추원 의관, 제국신문 사장

이준: 한성재판소 검사보, 독립협회 평의원, 대한협동회 부회장

남궁억: 내부 토목국장, 독립협회 평의원

임병길: 군부 정위, 군부 군무국 외국과장보, 독립협회

---

97) 유영익, 『젊은 날의 이승만』, 34-36.

유동근: 강화 진위대 장교

이승만에게 전도를 받아 성경을 배우고 신앙을 가지게 된 이들은 훗날 한국 역사와 한국의 다양한 분야, 특히 교회사에 큰 영향을 끼친 인물들이 된다. 이들은 감옥에서 출옥하자 대부분 연동교회에 출석하며 예배를 드렸고, 이후 각자 흩어져 선교사처럼 활동을 했다. 이원긍은 파주 군수 조종만과 함께 묘동교회를 개척했고, 월남 이상재는 윤치호, 신흥우와 함께 중앙청년기독회(YMCA)에서 활동을 했다. 유성준은 박승봉과 함께 안국동교회를 설립했고, 김정식은 동경 기독청년회로 갔다.

3) 한성감옥학교

이승만이 복역하던 시기의 한성감옥은 대한민국 유수의 대학이었다. 이승만과 동지들, 선교사들이 가르쳤고, 감옥에 수감 중인 죄수들은 당시 최고의 교육을 받았다. 한성감옥은 세계 최초의 공인 감옥학교였다. 여기서 배운 죄수들은 훗날 국가 발전의 주춧돌이 되었다. 하나님께서는 감옥에서 이승만을 만나주시면서 동시에 이승만 주변의 사람들을 이승만과 협력하도록 하셨다. 아펜젤러와 언더우드를 비롯한 선교사들, 고종의 후궁 엄비,98) 엄비의 심복으

---

98) 순헌황귀비(純獻皇貴妃)는 엄귀비, 엄황귀비, 엄비, 엄상궁, 엄귀인, 엄

로 알려진 감옥서장 김영선이 감옥에 있는 이승만을 도왔다.

027 이승만이 세운 한성감옥 성경학교

구원의 은혜를 체험한 이승만은 한성감옥에서 선교사들이 넣어
준 성경을 보며 신앙을 깊게 했다. 그는 감옥 안에서 독서, 전도,
교육, 저술 활동을 눈부시게 펼칠 수 있었다. 특히 그는 이상재,
이원긍, 김상옥, 이희준을 비롯해 40여 명의 수인(囚人)들에게 성
경을 가르쳤고 이들이 기독교에 입교하도록 했다.[99] 1902년 10월
에 옥중성경학교가 개설되었고, 양의종과 신흥우가 교사가 되었다.
감옥은 성경연구의 방으로 시작하여 기도의 집이 되고 다음으로
예배당으로 바뀌었다가 신학당이 되었다.[100] 1902년 12월 28일
감옥 안에서 처음으로 예배를 드렸고, 아펜젤러, 언더우드, 존스
(George H. Jones) 등의 선교사들도 찾아와 성경공부반의 예배를
인도해주었다.[101] 감옥 안의 성경반이 신학당이 되는 과정에서,
이상재, 유성준, 이원긍, 김린, 김정식, 홍재기, 안국선 등의 입교

순빈, 엄순비, 경선궁마마, 엄선영(嚴善英) 등 여러 별칭이 있다. 고종
의 후궁으로, 1896년에 고종과 세자를 러시아 공사관으로 도피시킨, 이
른바 아관파천을 성공으로 이끄는 데 결정적인 역할을 하였다. 러시아
공사관에서 고종을 보필하며 43세에 아들을 잉태하였고, 1897년 덕수
궁으로 환궁한 후 대한제국의 선포와 때를 같이 하여 영친왕 이은(李
垠)을 낳았다.

99) 김명구, 『한국기독교사1』, 214-218 참고.
100) 위의 책, 219.
101) 유영익, 『이승만의 생애와 건국비전』, (서울: 청미디어, 2019), 28.

자들이 나왔다. 양반 관료와 개화 지식인들의 기독교 입교가 시작된 것이다. 이상재, 유성준, 김정식 등 적지 않은 개화 지식인들도 성경학교를 통해 내적 회심의 과정을 거쳤다. 한성감옥 입교자들이 회심 체험을 했다는 것은 더 이상 이들이 기독교를 근대문명의 도구로 생각하지 않게 되었다는 것을 말한다. 이들에게 기독교의 복음은 개인 구령과 교회라는 울타리를 넘어 민족 혹은 한국의 구원 문제로 확대되었다는 것이다.

028 이승만이 세운 감옥학교와 도서관

선교사들의 헌신적인 도움과 궁궐 엄비의 재정적인 도움, 감옥서장 김영선의 도움으로 옥중 도서관을 세우게 되었다. 이승만은 감옥서장 김영선에게 개인적으로 편지를 써 보내면서 감옥에 학교를 세울 것을 건의했다.

그 편지에서 운영비는 자력 충당하며, 책을 번역하고 물건을 만들어 팔아서 비용을 보태겠다고 제안했다. 이승만은 김영선(金永善)의 허락 아래 옥중학교를 개설했다. 이 학교에서 그는 고등교육을 받은 동료 정치범들과 함께 당시 죄수 350여 명을 소년반, 성인반으로 나누어 '가갸거겨'부터 국사, 윤리, 산수, 세계지리 등을 가르치고, 글을 읽지 못하는 어린이 13명과 어른 40명(옥리 포함)에게 한글과 한문, 영어, 산학, 국사, 지리 등을 가르쳤다.[102]

---

102) 위의 책, 같은 쪽.

이승만은 선교사들이 차입해 준 방대한 양의 책과 잡지, 신문 등으로 옥중 도서실을 만들고 여기 비치된 자료들을 옥중 동지들과 돌아가며 읽었다. 1년 동안 수감자들이 대출한 책이 2,020권이나 되었다. 이승만은 감옥에서 영문 서적 등을 포함한 2,000여 권의 책을 통해 근대 서구 문명과 학문을 이해할 수 있었다. 이 시기에 읽은 책들이 후일 미국 프린스턴대학교에서 박사 과정을 밟을 때 그의 학문의 방향을 잡아주는 역할을 하게 된다.

029 이승만의 옥중 저술 활동

이승만은 위대한 '기록가'였다. 이승만은 배재학당 입학 후 주요 기록은 물론 한성감옥 5년 7개월간 활동을 깨알같이 기록해 놓았다. 더구나 그의 미국 유학 5년 이후 망명 35년간 일기와 각종 편지들, 저술 등은 근현대사를 이해하는 살아있는 자료들이다.

이승만의 기록 가운데 가장 야심적인 것은 '신영한사전(A New English-Korean Dictionary)'을 편찬하는 것이었다. 1903년 초 그는 미국 선교사들이 차입해 준 영어사전과 화영사전(和英辭典: 일영사전)을 가지고 영한사전 편찬 작업에 착수했다. 옥중에서 이승만은 개화독립사상과 건국사상의 출발점인 『독립정신』을 저술하기 시작했다. 6개월 만에 약 400쪽에 달하는 이 책을 탈고했다. 『독립정신』은 1910년에 미국 로스앤젤레스에서 출판되었다.[103]

---

103) 위의 책, 30.

이 밖에도 초보자용 산수 교과서인 『算術』 등이 있다. 그가 옥중에서 지은 약 120편의 한시는 『체역집』(替役集: 징역을 대신하는 시 모음)이라는 제목으로 1960년 서울에서 출판되었다.[104]

무엇보다도 이승만이 당시 사회를 풍미한 수많은 개화 자강서 및 신학서를 번역했는데, 대표적으로 『중동전기』(中東戰記)는 그 자신이 근대 한국의 운명을 결판 지은 대사건이라고 판단한 청일 전쟁 전후 동아시아의 국제관계사를 다룬 것이며, 『주복문답』(主僕問答)은 한국 민족에게 근대화와 독립화의 원천이라고 판단한 기독교를 다룬 것이고, 『만국사략』(萬國史略)은 전통학문을 벗어나 신학문을 수용하기 위해서 반드시 알아야 하는 기초적인 수준의 세계사를 다룬 것이다.

030 이승만의 옥중 명저 "독립정신"

『독립정신』(獨立精神)은 20대 청년 우남 이승만이 옥중에서 집필하여 노끈으로 꼬아서 간수 모르게 반출한 그의 대표 저서로써, 5천 년 동안 지속되어온 우리나라 왕정(王政)의 역사를 민주 공화정(共和政)으로 탈바꿈시키고, 대륙문화권에 속해 있던 우리나라의 정치, 사회, 문화적 전통을 해양문화권으로 옮겨놓는 데 이론적 기초가 된 책이자, 세계화와 선진화를 지향하는 대한민국의 건국 이념을 제시한 책이다. 이 책은 조선왕조 5백 년간 쓰인 책들 가

---

104) 위의 책, 29.

운데 최고의 경세서이자 정치사상서, 국민계몽서라고 평가받고 있다.

그 이유는, 그 전까지의 모든 책은 주권자는 단지 왕 한 사람이고, 왕 이외의 모든 백성은 왕에게 종속되어 왕의 명을 따르고, 왕을 섬기는 존재라고 여겨, 전제군주가 백성을 어루만져 주는 인정(仁政)이 최선의 정치라고 생각하였다.

반면에 이승만의 『독립정신』은 백성이야말로 나라의 주인이며, 그들 각자가 자유, 독립, 자주, 자율적인 존재이고, 스스로 시비(是非)를 판단할 줄 아는 각성한 개인이며, 그런 개인들이 모여서 '나라 집'이란 단체를 만들고, 법을 제정하여 운영해 간다는 현대 자유민주주의 사상을 국내 최초로 주장하였다.

이 책은 이승만의 옥중생활 5년의 총결산일뿐만 아니라 해방 후 자유민주주의 시장경제 체제의 대한민국을 건국하고, 경영하고, 6.25전란 후 대한민국을 재건하는 전 과정에서 우리 현대사를 관통하는 정치 및 경제의 사상적 기초가 되었다.

4) 감옥에서 형성된 이승만의 사상

이승만의 국가관, 정치, 경제, 희년 등의 사상적 기초는 한성감옥에서 형성된 것으로 보인다. 이승만은 한성감옥 수감 중에 쉼 없이 기도하며 성경을 연구하고, 엄청난 양의 독서와 선교사들과의 교류, 수감자들의 교육과 집필 활동을 하면서 그의 사상적 기초를 확립했다.

031 이승만의 국가관

이승만의 회심은 기독교 이데올로기에 대한 지적 동의였으며, 영혼의 근저로부터 솟아오르는 내적 기쁨이 되었고, 개인을 구원하고 한국을 구원해야 한다는 사명감을 갖게 되었다. 이승만은 하나님을 만나는 신비적인 체험을 통하여 조국을 인격화했다. 그는 자기 개인의 구원을 넘어 조국의 구원을 바라보았다. 그는 기독교 복음은 개인 구원과 국가 구원까지 이룰 수 있다고 믿었다. 그의 외교독립론이나 건국 사상 모두 이런 바탕 아래 이루어졌다.[105]

이승만에게 기독교는 한 영혼과 국가를 구원하기 위한 목표였다. 기독교 복음의 역할을 개인뿐만 아니라 국가 구원으로 연결하였다. 그것은 회심의 과정을 거쳤던 윤치호에게서 나타났던 신앙 유형인 사회복음주의 신학 사상과도 일맥상통한다.[106] 한 개인의 내적 회심이 나라를 구원시켜야 한다는 사명 의식으로 연결되었고, 동시에 교회의 역할을 개인 구령과 '국가 존망'의 근본으로 연

---

105) 위의 책, 같은 쪽.
106) 이들은 미국에서 풍미했던 사회복음주의 신학을 선호했는데, 그것은 사회복음주의가 개인 구령과 사회구원을 연계시켜 이 땅에서 이루어지는 하나님 나라를 꿈꾸었기 때문이다. 이들은 개인 구령이나 은총의 문제, 부흥회적 경건의 신앙을 무시하거나 외면하지 않았지만, 국가와 민족에 대한 책임의식을 우선시했다.

결한 것이다.107) 한국은 기독교 문명국가로, 영국과 미국과 같은 자유와 평등의 자주독립국가가 되어야 했다.108) 이승만에게 개인 구령의 문제와 교회 활동 그리고 한국의 장래는 별개의 것이 아니었다.

032 이승만의 정치사상

이승만은 프린스턴대학교에서 박사학위를 공부할 즈음에 일 년 동안 신학공부에 주력했다. 그 시절에는 학문이 분화(分化)되지 않았다. 이승만은 프린스턴신학교에서 1년간 공부하는 동안 그 시대의 대표적 신학자인 워필드(B. B. Warfield)와 보스(Geerhardus Vos) 박사에게서 가르침을 받았다.109)

이승만은 프린스턴신학교에서 1년 동안 라틴어, 헬라어, 신학과 철학을 공부했다. 그린(Green) 교수로부터 〈기독교 변증학〉을 배웠고, 어드만(C. Eer-dman) 교수로부터 〈바울서신연구〉 등을 배웠다. 이승만은 프린스턴에서 공부하면서 기독교 세계관을 배웠다. 프린스턴신학교의 밀러 채플이나, 프린스턴대학 채플에 참석하여 예배를 드렸고, 당대의 프린스턴 석학들의 설교와 강의의 영향을

---

107) 이승만, "교회경략", 『신학월보』 1903년 11월호 참조.
108) 이승만, "대한 교우들의 힘쓸 일", 『신학월보』 1904년 8월호 참조.
109) 당시 프린스턴을 대표하는 워필드는 아브라함 카이퍼의 영향을 가장 많이 받은 세계 3대 칼빈주의 학자였다. 한편 성경 신학의 아버지 보스(G. Vos) 박사는 화란 이민자로서 성경을 구속사적으로 보는 성경 신학(Biblical Theology)의 창시자였다.

고스란히 받았다.

당시 프린스턴신학교는 카이퍼(Abraham Kuyper)110)의 영향이 컸는데 카이퍼는 화란의 자유대학(Vrije Universiteit)을 세운 신학자이며 화란 수상을 지낸 정치가였다(1901-1905).111) 이승만 박사의 가슴에는 카이퍼가 꿈꾸던 이상대로 장차 조선이 독립국가로 세워진다면 하나님 중심, 그리스도 중심, 성경 중심의 나라를 세우고 싶었다.

그런 이유로 대한민국 헌법이 제정되어 대한민국을 세울 때, 이승만 박사는 먼저 이윤영 목사를 불러내어 기도하게 했다. 대한민국은 기도로 세워진 나라였다. 이승만은 대통령 재임 시 토지개혁, 군목제도, 경목제도 등을 만들었다. 이승만 대통령이 성경을 사랑하는 것과 기도의 사람이라는 것은 익히 알려진 사실이다.

이승만은 1910년 프린스턴대학에서 국제법으로 박사학위를 받은 후 귀국하였는데 미국 유학 시절 발표한 글이나 강연을 통해 미국과 같은 서구 기독교 국가를 모델로 한 '상등 문명국가' 건설이 자신의 꿈이라고 밝혔다.

이승만은 망명 직후 하와이에서 『한국교회 핍박』112)을 출판하

---

110) 아브라함 카이퍼(Abraham Kuyper, 1837-1920년)는 네덜란드의 수상
     이자 신학자이다. 암스테르담 자유 대학교를 설립하고 기독교 정당인
     반 혁명당을 설립하였다. 현대 칼빈주의 사상에 주요 인물이다.
111) 유영익, 『이승만의 생애와 건국비전』, 31.
112) 이승만이 1913년 4월 미국 하와이에서 105인 사건의 진상을 알리기 위
     해 발간한 책.

여 105인 사건113)의 실상과 내막을 폭로하는 한편, 한층 발전시
킨 형태로 자신의 '기독교 국가건설론'을 피력하였다.114)

5) 출옥 후 이승만의 활동

이승만이 29세의 나이에 석방되고, 새로운 삶을 시작하게 된 후
자서전에서 "나는 감옥에서 얼마나 많은 것을 감사하였는지 잊을
수가 없고 또한 5년 반 동안 그 감옥생활에서 받은 축복을 평생
감사하며 살 것이다."라고 고백했다. 그러한 마음으로 출옥한 그는
국내 활동을 하게 된다.

---

113) 105인 사건은 1911년 일제가 저항적인 민족주의 및 기독교계 항일세력
에 대한 통제를 위하여 데라우치 총독 암살모의 사건을 조작하여 105
명의 애국지사를 투옥한 사건이다. 신민회 사건으로도 불린다. 일제는
군자금을 모집하다 검거된 안중근의 동생 안명근의 사건을 기회로 총
독암살 모의사건을 날조해 신민회의 간부·회원은 물론이고 독립운동을
일으킬 가능성이 있는 애국지사들을 일망타진하려 했다. 전국적으로
600여 명을 검거하고 122인을 기소, 105인을 유죄로 투옥했으나 고등
법원에서의 치열한 투쟁으로 날조가 드러나 6명을 제외하고 모두 무죄
로 석방되었다. 이후 105인은 대한민국 각 분야의 지도자들이 되었다.

114) 이승만은 『한국교회핍박』을 통해 식민통치 하에서 종교가 민족국가 형
성에 참여하게 되는 네 가지 단계, ① 식민통치하에 기존의 정치 민족
운동 단체가 와해되거나 탄압을 받아 '조직의 공백'(organic vacuum)이
이루어진 상황에서 ② '치외법권적' 특권을 누리는 선교사들이 내세우
는 '정교분리' 원칙에 의해 오히려 교회는 '상대적 자율성'(relative
autonomy)을 누리게 되고 ③ 그런 교회 안으로 민족주의자들이 몰려
들어 민족문제를 논하고 민족운동을 전개함으로 교회는 민족과
하나가 되는 '동일화'(identification) 과정이 이루어져, ④ 교회나 기
독교인들이 정부나 민족단체 기능을 수행함으로 '민족국가 형성'(nation
building)에 적극 참여하게 된다는 사회 신학적 이론을 발전시켰다.

033 이승만과 이상재(1902년)

이승만과 이상재는 중요한 동지였다. 서재필이 독립협회를 만드는 과정에서 미국 유학경험이 있던 이상재는 자연스레 여기 가담했고, 이승만 역시 배재학당에서 서재필에게 교육을 받은 경험이 있어 자연스레 협회에 발을 내딛게 됐다.

이승만과 이상재의 특별한 인연은 '한성감옥'에서 공고히 맺어진다. 정부가 국내 개혁파를 제거하기 위해 벌인 이른바 '개혁당 사건'으로 인해 이상재가 한성감옥에 투옥된 1902년 이후 이승만의 인도로 3년간 한성감옥에서 복역하며 이승만의 성경 가르침과 하나님을 체험하는 사건으로 기독교로 전향했다.

출옥 후 이상재는 황성기독교청년회를 찾아가 YMCA 교육사업에 종사하고, 이승만은 미국으로 유학을 갔다. 이들의 인연이 일제 치하에서 '독립운동'이라는 개념으로 또 이어진다. 1919년 3.1운동의 열기를 수렴해 세워진 한성임시정부에서, 이승만 외 이상재 선생 역시 핵심적 역할을 맡았다. 이상재는 선교사를 통해 국내 부호들에게서 모금한 독립자금을 이승만에게 보냈고, 국내외 정치단체나 유력인사를 동원해 이승만의 독립운동 노선을 절대적으로 지지했다.

이상재는 재정적·정신적·정치적으로 이승만을 후원하면서 함께 대한민국을 세웠다.

034 이승만과 청년학원 (1904년)

출옥한 이승만은 어두운 나라를 밝히고 교육을 통해 국권을 회복하자는 운동이 상동교회를 중심으로 일어났을 때 전덕기 전도사와115) 뜻을 모아 청년들에게 기독교 사상과 애국심을 심어줄 청년학원(상동학원)116)을 상동교회 안에 설립한다. 당시 상동교회는 1901년 4천여 원을 들여 붉은 벽돌의 현대식 예배당117)을 건축했다.

상동학원 개교식118)에서 '가난한 사람들이 자기들의 힘으로 만든 학원'이라는 것을 강조하며 "우리나라 사람끼리 하는 일을 우

---

115) 이정식, 『초대 대통령 이승만의 청년시절』, 권기붕 역, 203-204. 전덕기는 17세 때 스크랜턴의 집에서 머슴으로 일하면서 기독교인이 되고 주시경과 친구가 되었고, 독립협회 말기에는 서무부에 속해 있었으며 상동교회 청년회에서는 속장에 피선되어 청년 40여 명을 모아 엡워스 청년회를 조직하고 회장이 되었다. 그 후 권사가 되고(1901), 다음 해에 전도사가 된다. 이때 엡워스 청년회에 힘을 쏟아 수백 명의 회원이 되었다. 마치 독립협회의 연장과 같은 면모를 나타내었다.

116) 상동학원: 이승만 출옥 후 10월 15일에 상도교회 안에 상동학원 개교함(전덕기 전도사를 중심으로 청년운동을 시작한 곳).

117) 윤춘병, "전덕기목사와 상동 청년학원 고찰", 『한길 김철손 교수 고희논문집』, (서울: 감리교신학대학 대학원, 1988), 179-204. 이 건물은 1898년 이승만이 투옥되기 전 세워진 정동제일교회에 이어 두 번째로 벽돌로 지어진 현대식 예배당으로써 당시 장안의 화제가 되었다.

118) "양력 금월 십오일 하오 무시(오후 2시)에 본 학원에서 개교식을 거행할 새 대문, 중문과 대청 안에 청송 홍엽으로 빛나게 홍예 틀고 국기를 달아 정결히 배포한 후에 내외국 관민 간 점잖은 손님들을 청하였고, 참여한 손님과 학생이 수백 명이라 자리가 좁아 다 앉지 못하니 과연 보기에 장하더라." 『신학월보』, "상동교회에 학교를 설치함" 1904년 11월.

리나라 사람들이 특별히 돌보아야 외국 친구들도 달리 보려니와 하나님께서 특별히 도와주실 것이다."라고 호소한다.[119]

상동학원은 야간으로 운영되었으며, 기독청년을 대상으로 시작 하였다가 점차 범위를 넓혀 누구나 배우며 애국할 수 있는 청년교 육을 실시하였다. 개화운동의 선구자인 강화도의 이동휘(李東輝), 수원의 임면수(林勉洙) 등은 청년학원에서 배우고 고향으로 돌아 가 학교를 설립하여 애국계몽운동을 실시하였다. 교사 자격이 있 는 사람을 대상으로 한 국어 강습소를 청년학원 내에 개설하여, 주시경(周時經)이 매주 일요일마다 국어를 가르치기도 하였다.

당시 청년학원은 애국지사들의 총 집합소로서, 기독교의 중견 인물을 비롯하여 노백린(盧伯麟)·이상재(李商在)·남궁억(南宮檍)·이 동녕(李東寧)·이승만(李承晩)·신채호(申采浩)·윤치호(尹致昊)·김구 (金九)·이준(李儁)·최광옥(崔光玉) 등이 모였으며, 신민회(新民會) 의 기관학교로서 독립사상 고취에 노력하다가 1914년 일제에 의 하여 강제로 폐교당하였다.

035 이승만과 YMCA(1908-1912년)

러일전쟁 직후인 1904년 4월 이상재는 이원긍·홍재기·유성준· 김정식 등과 함께 석방되었다. 석방 후 그는 감옥 동지들과 옥중 시절 도와준 선교사 게일(James S. Gale)을 찾아가 함께 세례를 받

---

119) 이정식, 『이승만의 청년시절』, 206-207.

고 게일이 세운 교회인 연동교회의 교인이 되었다. 종로의 황성기
독교청년회(皇城基督敎靑年會, YMCA)를 찾아가 교육사업에 전
념할 뜻을 밝혔다. YMCA는 1896년 11월 최초의 학생 YMCA로
배재학당에서 조직되었고, 이 조직이 학숙청년회가 되었다가 후에
학생 YMCA로 발전되고 1899년 150명의 기독교 청년들이
YMCA 탄생을 위해서 최초의 선교사인 아펜젤러, 언더우드에 의
해 북미 YMCA 국제위원회에 간사 파견을 요청하고 북미
YMCA 국제위원회에서 질레트를 간사로 파견하여, 1903년 10월
28일 수요일 오후 8시 최초의 한국 YMCA로 황성기독교청년회
(지금의 서울 YMCA)가 창립되면서 역사의 표면에 그 모습을 드
러내었다(초대 이사장 게일, 초대총무 질레트, 정회원 28명, 준회
원 9명).

이후 한국 YMCA는 이상재, 윤치호, 김정식, 남궁억 등 독립협
회와 만민공동회 운동의 지도자들이 대거 참여하고, 상동교회의
진덕기를 비롯한 평민 출신의 청년 애국지사들이 가담하면서 교육
계몽과 선교의 중심으로 떠오르게 되었다. 일제하에서 민족독립운
동의 중심지 역할을 하였으며, 새로운 교육과 문화 활동을 소개하
는 한편 농촌 사업 등을 통해 민중의 복지향상을 위해 노력했다.

1908년 YMCA 종교부 총무와 교육부장에 취임한 이상재는 옥
중 동지인 이원긍 · 홍재기 · 유성준 · 김정식 등과 함께 YMCA에서
활동하면서 YMCA를 중심으로 청년운동과 구국 교육 운동을 전

개하였다. 1910년 6월 청년운동을 전국적으로 확산시키기 위해 학교별로 YMCA를 조직하기 시작하였다. 이를 위해 미국에서 박사학위를 취득한 이승만을 애비슨(Oliver R. Avison)을 통해 불러들여 YMCA 학관의 학감에 임명했다. 그리고 1912년 3월까지 활동하게 했다. 이때 학관의 이승만 제자들은 대한민국 제1공화국과 제2공화국을 이끌었다.

이들의 인연이 일제 치하에서 '독립운동'이라는 개념으로 이어졌다. 1919년 3.1운동의 열기를 수렴해 세워진 한성임시정부[120]에서, 이승만 외 이상재 역시 핵심적 역할을 맡았다. 한성정부의 조직주체는 기독교민족주의인데 국내외 기독계가 주목하는 이승만을 한성정부 수장으로 선정하는 데에 이상재가 결정적인 영향을 미쳤다.

---

120) 한성정부(漢城政府)는 1919년 4월 23일 서울에서 선포된 임시정부이다. 1919년, 상해 임시정부와 통합을 모색하여 결국 1919년 9월 11일, 상해 임시정부, 한성정부, 연해주의 대한국민의회 등과 통합하여 대한민국 임시정부를 이루게 되었다.

3. 이승만과 미국

3. 이승만과 미국

036 이승만과 한국의 근대화

한국의 근대화는 미국 선교사들과 이승만의 역할이 지대했다. 이승만은 동서양의 학문을 아우르는 학자였고, 독립지사였으며, 외교가였고, 대한민국을 건국하는 데 결정적인 역할을 한 정치가였다. 대한민국 건국에 앞장선 이승만의 탁월성은 기독교 신앙에 세워진 미국이라는 민주국가를 통해 완성되었다.

이승만은 5년 4개월 만에 조지워싱턴대 학사, 하버드대학 석사, 프린스턴대학에서 박사학위를 취득했다. 이 같은 미국 명문 3개 대학에서의 유학 기록은 한국은 물론 세계에서 찾기 힘든 신기록이다. 미국에서도 전무후무한 기록이다.121)

그는 프린스턴대학에서 국제정치학 박사학위를 받음으로써 미국인들 사이에서 프린스터니언(Princetonian)이라 불리우면서 국제적으로 주목받는 정치가로 등장한다. 그의 박사학위 논문은 대통령 우드로 윌슨이 국회 연설에서 인용할 정도로 미국 사회에서 주목

---

121) 유영익, 『이승만의 생애와 건국비전』, 30.

을 끌었다. 그의 학문적 업적은 미국의 고위 관료와 외교관뿐만
아니라, 6.25전쟁 때 맥아더(Douglas MacArthur), 밴 플리트
(James Alward Van Fleet)와 같은 많은 고위 장성들을 상대하는
데 중요한 자산이 되었다.

> "위 사람은 제가 총장으로 있는 프리스턴대 박사과정 학생으
> 로, 자신의 모국에 대한 애국심이 강하고 동양의 전반적인 정
> 세에도 정통할 뿐 아니라, 우수한 능력과 고결한 성품을 가진
> 인물이어서 기꺼이 귀 교회에 추천합니다."

위 글은 후일 28대 미국 대통령이 되는 윌슨 총장이 제자인 이
승만을 위해 써 준 친필 추천장(1908. 12. 15.) 중 일부 내용이
다.[122] 추천장의 주인공인 이승만은 윌슨이 미국 대통령으로 재임
(1913-1921) 중이던 시기에 대한민국 임시정부[123] 초대 대통령
(1919-1923)이 된다.

1) 미국 유학 계획

037 이승만의 미국 유학 계획

이승만은 '한성감옥에서 유학을 결심하고 준비한 것으로 여겨진

---

122) 인보길, 『뉴데일리』, 2022년 12월 20일.
123) 한성임시정부를 말한다.

다. 이승만이 남긴 수많은 옥중기록과 논설 중에 '미국의 교육을 일으킨 신법'이라는 논설이 있다. '예수교로 백성 교육'을 주창한 청년 이승만이 기독교 국가 미국의 교육제도를 알고 싶어 이 자료를 구해 들여와 읽고 해설까지 써 놓았다. 이 글에 미국식 교육제도를 설명하면서 뉴욕, 워싱턴, 필라델피아 등 미국 동부에 산재한 이른바 '아이비리그' 명문대학교들도 소개한다. 특히 미국 건국 전 1636년에 청교도들이 세워 가장 오래된 하버드대학은 하버드 개인이 거금을 투자해 세계 일류로 육성한 점에 주목하고 있다. 이승만은 이때 유학할 대학들을 다 골라 놓았다.[124]

이승만은 이 글과 함께 '유학생이 생계유지를 위해 할 수 있는 일거리; Works of Students for Earning Livehood'라는 메모가 남아 있다. 잔디 깎기, 나무 톱질하기, 우유배달, 식당 웨이터, 상품판매, 급사, 타자, 신문 기고, 야간 개인교수 등등 21개 일거리를 적어놓았다. 유학 결심이 없었다면 감옥에서 왜 이런 메모까지 남겼을까! 이승만은 이때 스스로 생계를 해결할 고학을 작정한 것으로 보인다.

이승만이 선택한 '고학 알바'는 무엇이었을까? 바로 '독립운동'이다. 공부하며 틈틈이 교회들과 YMCA 등을 순회하며 미국인들 앞에서 '한국의 독립'에 대해 강연하고 거기서 나온 성금으로 생활비를 충당했던 뒷날의 기록들은 눈물겹다. 볼티모어 장로교회에서

---

124) 인보길, 『뉴데일리』, 2022년 12월 20일.

9달러, 워싱턴 제일침례교회에서 7달러 40센트 등등. 유학생 이승만은 가계부 적듯이 입출금을 꼼꼼히 적어 남겼다. 그는 유학 기간 140여 회의 순회강연을 펼친다. 만주나 중국으로 망명한 독립운동가들이 중국인을 상대로 '독립 강연' 캠페인을 장기간 벌였다는 기록이 과연 있었던가?125)

038 감옥서 석방되자 도미 준비

1904년 8월 7일 마침내 5년 7개월 만에 석방된 이승만은『제국신문』의 주필 일을 하면서 미국 갈 채비를 서두른다. 먼저 선교사 게일을 찾아가 '세례'를 요청한다. 세례교인으로 미국에 가야 기독교인으로서 인정받기 때문이었다. 장로교 게일은 이승만에게 워싱턴 커버넌트 감리교회 목사 햄린((Lewis T. Hamlin)에게 세례를 받으라며 추천서 등 소개장 3통을 써주었다. 이 밖에도 이승만은 언더우드와 벙커 등 도합 19통의 추천서를 받았다. 이 추천서들 사본이 이승만의 일기장에 첨부되어 지금도 남아 있다.

그리고 이승만은 민영환, 한규설을 만나 미국에 정부 대표로 보내주기를 건의한다. 러일전쟁 종전 협상을 서두르는 미국에 '대한독립'을 도와달라고 설득하라는 주문이었다. 왜냐하면, 감옥에서 나와 다시『제국신문』126)에 논설을 쓰던 이승만은 그 논설 때문

---

125) 같은 신문.
126) 한말의 대표적인 민족주의적 성격의 일간신문으로, 원명은 『뎨국신문』

에 일본 헌병사령부가 신문을 정간시켰고 "전쟁에서 이겨 한국을 손아귀에 넣자 그 생명 자체를 말살하기에 이르렀으니" 조미통상수호조약127)에 의거 미국의 힘을 이용해야 한다고 믿었기 때문이다. 민영환은 이승만을 주미공사로 임명하겠다며 고종을 만났다. 결과는 영어 잘하는 이승만을 미국에 파견하는 것으로 결론났다. 동시에 이승만은 미국에 한국 감리교 대표로 파견되었다.

그즈음 이승만의 집에 궁녀가 나타나 "폐하께서 단독 면담을 원하시니 입궐하라"라고 전하였다. 이승만은 쌓였던 증오감이 북받쳐 단독 면담을 거절했다. '4,200년 왕통 사상 가장 허약하고 겁 많은 임금'으로 고종을 경멸하던 이승만이었다. 이승만은 "금전과 밀서를 주려고 불렀겠지만, 황제면담을 거부한 것을 후회해본 적 없다."라고 했다.128)

<hr />

이다. 1898년 8월 8일 농상공부로부터 신문 간행을 인가받고, 8월 10일 창간호를 발행하였다. 사장은 자본금을 단독 출자한 이종일(李鍾一)이었고, 편집·제작은 유영석(柳永錫)·이종면(李鍾冕)·장효근(張孝根) 등이 담당하고, 이승만(李承晩)이 주필로 활약하였으며, 계기(械機)·주자(鑄字) 등의 시설은 심상익(沈相翊)의 지원을 받았다.

127) 조미수호통상조약(朝美修好通商條約, 영어: Treaty of Peace, Amity, Commerce and Navigation, United States-Korea Treaty of 1882)이라고도 한다. 1882(고종 19)년 조선과 미국 간에 조인된 조약이다. 1882년 5월 22일(음력 4월 6일) 조선의 전권위원 신헌, 김홍집과 미국의 전권위원 로버트 윌슨 슈펠트 간에 제물포에서 체결되었다. 이 조약은 조선이 서양 국가와 맺은 최초의 수호통상조약이다. 다른 조약에 비해 불평등이 배제되어 주권 독립국가 간의 쌍무적 협약으로는 최초의 것이었다.

128) 이정식, 앞의 책, 50.

039 이승만의 미국 유학 길 (1904년)

1904년 11월 4일 서울을 떠난 이승만은 다음날 제물포에서 미국 선박 오하이오호(S. S. Ohio)에 올라 미국을 향해 떠난다. 품속엔 난생처음 해외여행을 위하여 미국감리교회의 초청장과 여러 사람이 준 여비, 그리고 아메리카 신천지 유학을 도와줄 추천서 19통이 들어있었다.129) 이승만은 부산을 거쳐 일본 고베(神戶)항에 도착, 일본 교회에서 강연을 하고 청중들이 거둬주는 여비를 받았다. 이 돈은 뒷날 이승만이 워싱턴에서 교회 순회강연을 하며 생활비를 버는 고학생활의 첫 성금이 된다.130)

이승만이 고베에서 사이베리아호(S. S. Siberia)로 바꿔 타고 하와이 호놀룰루에 내린 것은 11월 29일 아침이다. 긴 항해 동안 이승만은 『제국신문』에 기행문과 논설을 써 보내 게재한다.

배재학당 동문 윤병구(尹炳求) 목사 등 교민 200여 명이 한인 교회에서 열어준 환영회에서 이승만은 장장 4시간 동안 열변을 토하여 한 많은 이민 노동자들을 감동시켰다. 자신도 울고 청중도 울었다.131)

---

129) 1902년부터 하와이 이민 계약 노동자들을 실어나르는 선박 최하급 삼등실 선실에 자리 잡은 이승만은 이날부터 일기를 쓰기 시작했다. 항해 일지처럼 'Log Book'이라 이름 붙인 이 일기는 40여 년 지나 해방 후 귀국할 때까지 쓴 독립운동 항해 기록이다. 이승만 일기는 'Log Book of S.R'이라는 이름으로, 2015년 대한민국 역사박물관이 연세대 이승만 연구원의 도움을 받아 영문과 국문 영인본과 번역본을 출간하였다.
130) 인보길, 『뉴데일리』, 2022년 12월 20일.

12월 16일 샌프란시스코에 도착하여 로스앤젤레스로 이동하여 1주일을 보낸 뒤 대륙횡단 산타페(Santa Fe) 열차를 타고 시카고를 거쳐 마침내 목적지 워싱턴에 도착한 날이 12월 31일 그해 마지막 날 저녁 7시였다. 펜실베이니아 애비뉴의 작은 호텔에 여장을 푼 이승만은 그길로 햄린 목사를 찾아갔다. 게일 선교사의 간곡한 추천서를 읽은 햄린 목사로부터 4월 23일 부활절에 '세례132)'를 받았다.

2) 막오른 독립운동

1905년 2월에 워싱턴 사교계의 VIP 햄린 목사는 이승만을 조지 워싱턴대학 니덤(Charles W. Needham) 총장에게 소개했다. 면접 결과, "대단한 재능의 소유자다. 배재대학 수준이 이렇게 높으냐?"라며 배재학당에서 공부한 것을 인정하여 3학년에 편입시켜 주었다. 게다가 장차 귀국하여 목회자가 되고 싶다고 하니 등록금 전액에 상당한 교회 장학금까지 마련해 주었다. 유학 기간이 짧아지고 학비 걱정이 가벼워졌다.133)

---

131) 같은 신문.
132) 세례(洗禮): 예수 믿고 교회의 일원이 됨과 동시에 교회 생활에 참여할 수 있는 자격을 부여하는 기독교 예식.
133) 같은 신문.

040 루스벨트에게 조미수호조약의 이행을 요청한 이승만

30세 늦깎이 한국 유학생이 강대국 미국 대통령을 만났다. 한국 민간인으론 최초의 일이다. 그의 옥중저서 『독립정신』에서 "외교를 잘해야 나라를 지킨다."라고 실천강령에서 주장한 이승만의 첫 외교무대, 그것도 미국 하원의원과 국무장관을 만나고 대통령까지 만나는 최상급 외교무대였다. 여기서 이승만은 쓰라린 경험을 한다. 대학입학 문제와 함께 중요한 사명은 미국에 대한 대한민국의 '독립지원 요청'이다. 이승만은 서둘러 친한파 하원의원 딘스모어(Hugh A. Dinsmore)를 만나 국무장관 헤이(John M. Hay)와 면담 주선을 부탁하였고, 2월 20일 딘스모어 의원과 함께 헤이 장관을 30분 면담한다. 헤이는 조미수호조약의 의무를 이행하는 데 최선을 다하겠다고 약속했지만 7월 1일 돌연 사망하였다. 낙담하던 차에 미국 육군장관 태프트(William H. Taft)가 일본 방문길에 호놀룰루에 들렀다.134)

윤병구와 교민들은 8월 포츠머스(Portsmouth)에서 열린다고 발표된 러일전쟁 강화회의에 이승만과 윤병구를 파견하기로 결정하고, 미국 대통령에게 제출할 탄원서를 만들었다. 태프트 장관의 소개장과 탄원서를 가지고 윤병구는 워싱턴 이승만을 찾아가 백악관에 대통령 면담을 신청한다.

의외로 금방 정해진 면담은 1905년 8월 4일 오후 3시 30분 두

---

134) 같은 신문.

사람은 뉴욕 롱아일랜드 오이스터 베이(Oyster Bay) 사가모어 힐
(Sagamore Hill)의 여름 백악관(Summer Whitehouse)에서 미국
대통령 시어도어 루스벨트(Theodore Roosevelt. Jr.)를 직접 만났다.

외교관 차림의 이승만은 탄원서를 제출하며 "각하께서 언제든지
기회 있는 대로 조미수호조약에 입각하며 불쌍한 나라를 위험에서
건져주시기 바랍니다."라고 거듭 간청하였다. 루스벨트는 미소를
지으면서 "중대한 사안이니 이 문서를 공식 루트를 통해 다시 보
내주면 강화회의에 올리겠다."라고 답했다. 기대 이상의 반응에 접
한 두 사람은 뛸 듯이 기뻐하며 그 길로 기차를 타고 워싱턴 한국
공사관 대리공사 김윤정을 찾아갔다.

그런데 이게 웬일인가! 어처구니없게도 김윤정은 "본국 훈령이
없어서"라며 필요한 절차를 거부한다. 분노한 이승만은 온갖 설득
과 협박까지 해봤으나 맹수 같은 흑인 경비병이 쫓아내고 문을 잠
갔다. 이승만은 김윤정이 이미 일본에 매수되어있다는 설이 유력
하다고 민영환에게 보고서를 보냈다.

후에 알려진 사실에 의하면 루스벨트가 일본을 방문한 태프트
장관이 가쓰라 일본 총리와 '밀약'을 맺은(7.27.) 뒤에야 대한제국
의 '특사'를 형식적으로 만나 주었던 것이다. '일본의 한반도 장악
과 미국의 필리핀 통치'를 양해한 '태프트-가쓰라 메모'135)는

---

135) 가쓰라-태프트협약은 1905년 7월 일본 수상 가쓰라와 미국 육군장관
태프트가 도쿄에서 대한제국과 필리핀에 대한 이해를 놓고 상호 구두

1924년 존스 홉킨스 대학의 타일러 데네트(Tyler Dennett)가 발굴해낼 때까지 아무도 몰랐다.[136]

041 을사늑약과 이승만의 후원자 민영환의 죽음

1905년 11월 17일, 고종이 끝내 일본의 압력에 굴복, 을사늑약[137]이 체결되었다. 을사늑약을 반대하던 의정대신 한규설은 파면되고 감옥에 갇힌다. 반대 상소를 계속하던 민영환도 이틀 후 자결하였다. 11월 30일 민영환 순국 소식을 접한 이승만의 충격은 남다른 것이었다. 독립협회를 적극적으로 지원해주고 감옥살이를 할 때 자기 집 생활비까지 지원해주었으며, 석방운동에 앞장섰고 이승만을 미국에 보내면서 "집 걱정은 말라"라고 하던 두 사람의 후원자 민영환과 한규설이 하루아침에 사라졌다.

민영환의 죽음으로 이승만은 독립운동을 위해 미국교회를 중심으로 더욱 열성적으로 강연에 나섰다. 그의 연설이 인기를 끌자

로 양해한 합의이다. 일본은 필리핀에 대한 미국의 통치상의 안전을 보장해 주고, 미국은 한국에 대한 일본의 보호권 확립을 인정한다는 것이 주요 내용이다. 러일전쟁 후 한국에 대한 보호권 확립이 불안정한 상태의 일본과 전후 필리핀 군도에 대한 일본의 야심을 우려하던 미국의 이해가 맞아떨어져 성립된 일종의 '구두 양해'였다. 이를 바탕으로 일본은 대한제국의 외교권을 탈취하는 과정을 착실히 밟아 나갔다.

136) 인보길, 『뉴데일리』, 2022년 12월 20일.

137) 1905년 일본이 한국의 외교권을 박탈하기 위해 강제로 체결한 조약으로, 원명은 한일협상조약이며, 불평등 조약임을 강조하기 위해 을사늑약(乙巳勒約)으로도 불린다.

YMCA 등 곳곳에서 초청도 많아졌다. 그해 12월엔 뉴욕과 메릴
랜드까지 9회나 뛰어다녔고 이듬해 1월엔 8회, 아들 태산(봉수는
아명)이 숨진 순간에도 교회에서 강연하고 있었다.[138] 1907년 한
국 대부흥운동[139]이 전 세계로 알려지면서, 미국에서 공부하던 이
승만을 초청하는 교회와 단체들이 많아졌고, 이승만은 한국교회
부흥을 언급하면서 기독교 국가론을 설파했다.[140]

---

138) 인보길, 『뉴데일리』, 2022년 12월 20일.

139) 평양 대부흥운동은 1907년(광무 11년) 1월 평양 장대현교회 장로 길선
주의 고백이 기폭제가 되어 일어난 대부흥이자 원산 대부흥과 같이 대
한민국 개신교의 확산을 가져온 대사건이다. 1907년 대부흥운동은
1903년 여름 여자 선교사들이 중심이 된 원산의 소그룹 성경공부 모임
에서 시작되었다. 이 모임의 강사 감리교 선교사 하디는 하나님이 원하
는 것은 한국인들의 각성이 아니라 자신의 각성이라는 것을 깨닫고 한
국인 신자들 앞에서 자신의 잘못을 자백하였다. 이것이 도화선이 되어
당시 신자들도 자신의 잘못을 자백하였다. 하디는 1903년 말부터 1904
년 말까지 송도, 서울, 제물포, 평양에서 집회를 인도하였다. 하디가 시
작한 부흥운동은 1905년 9월에 만들어진 한국 최초의 기독교 연합기관
인 한국복음주의선교회연합공의회에서 하디의 부흥운동을 보다 조직적
으로 확대시키기로 결정하면서부터였다. 이렇게 부흥운동이 전국적으로
확대되었고 1906년 9월 부흥사인 존스톤(H. A. Johnston)이 조선을 방
문하였다. 그는 당시 세계적으로 일어나고 있던 성령운동을 설명하면서
이 같은 운동이 조선 교회에도 일어나기를 바란다고 발언했다. 이런 존
스톤의 언급에 평양의 선교사들과 한국인 지도자들은 감동을 받아
1907년 평양 대부흥운동이 시작되었다.

140) 1908년 3월 10일 이승만은 미국 피츠버그에서 모인 The first International
Convetion of the Young People's Missionary Movement Interdenomination
Conference(초교파 청년선교운동대회 산하 제1회 국제대회)에서 "Korea's
Humiliation, Christianity's Call"이라는 제목으로 연설을 했다.

042 이승만과 이준 (1907년)

이준은 1884년 함경도에서 장원 급제했고, 이후 그는 처음으로 설립된 우리나라 최초 법관양성소에 입학하여 우수한 성적으로 졸업했다. 이준은 구한말 대한제국이 육성한 최초의 근대 법조인이자 최초의 검사였다.

졸업 직후에는 한성재판소 검사보로, 올바른 법 집행을 하며 사회정의 실현을 위해 노력했으나 탐관오리들의 중상모략으로 2개월 만에 그만두게 되었다. 이후 이준은 미국에서 귀국한 독립운동가 서재필을 만나게 되고, 구국 운동을 전개하며 '조선독립협회(한국 최초의 근대적 사회정치단체)'의 평의원이 되어 『독립신문』 간행, 독립문 건립, 가두연설 등 맹활약을 펼친다.

개화파가 몰락하자 일본으로 건너가 와세다 법과 대학 졸업 후 귀국하여 1898년부터 '조선독립협회'가 주최하는 '만민공동회'에 적극적으로 가담했다. 그러다 수구파(조선 말기, 명성황후를 중심으로 하여 중국 청나라를 배경으로, 자주독립을 표방하는 독립당과 대립한 무리)의 모략으로, 당시 가두연설을 함께했던 이승만, 이동녕 등 17인과 함께 투옥됐다.[141]

이준은 고종황제의 명으로 '제2차 만국평화회의'[142]에 참석하여

---

141) 정상규, 『잊혀진 독립영웅들』, (서울: 휴먼큐브, 2017), 187.
142) 1907년 7월 네덜란드 헤이그에서 열린 군비 축소와 세계 평화를 위해 열린 국제회의.

을사조약이 무효임을 세계만방에 알리고, 한국독립을 위해 열국의 지원을 요청하라는 특사 임무를 부여받고, 헤이그 회의에 참석하기 위해 미국을 거쳐 유럽으로 향하던 중 이승만을 만났다. 이준은 독립협회 활동을 하다가 투옥되어 함께 한성감옥 생활을 했던 이승만에게 뉴욕에서 만나고 싶다고 전보를 보냈다. 이승만은 뉴욕에서 이준을 만나 조국의 앞날과 국제정세에 관해 의논하며 며칠 동안 세계 평화 재판소에 탄원할 호소문을 함께 작성하였다.[143) 이준의 사위 류자후는 1945년 10월, 이승만이 귀국하자 돈암장에서 이승만 내외를 보필하였다.[144)

3) 미국에서의 독립운동

043 미국 독립기념일 행사에서 대한민국 만세를 외친 이승만

조지워싱턴대학 때 1906년 6월 말, 이승만은 매사추세츠주 노스필드에서 열린 '만국 기독학생 공회'에 한국인으로는 처음으로 한국 대학생 대표로 참석했다. 이 회의에서 미국 독립기념일 축하 행사가 열렸다. 각국 깃발이 걸린 홀에는 남녀 3,000여 명 참가자들이 각기 자기 나라 의상을 입고 축하 연설을 들으며 미국국가와 만세를 불렀다. 이어서 국가별로 순서에 따라 일어나 경축하는 차

---

143) 許政, 『雩南 李承晚』, (서울: 太極出版社, 1970), 99.
144) 『동아일보』 1982년 5월 4일 자 3면, "秘話 美軍政三年〈20〉 돌아온 『抗日巨人』(5)".

례였다. 일본 학생 4명이 '일본 만세'를 부르고 중국 학생 10여 명이 일어나 국가와 만세를 불렀다. 그때 이승만이 벌떡 일어나더니 강단에 올라가 주최자에게 말했다. "나는 한국 학생인데 혼자 경축하겠습니다." 주최자는 흔쾌히 그러라며 장내에 알렸다. 이승만은 무대에 올라 힘차게 '독립가'를 불렀다. 그리고는 "대한제국 만만세"를 세 번 부르고, "아메리카 만만세"를 세 번 불렀다. 청중들은 박수와 환호를 지르며 이승만에게 몰려와 악수를 청하였다. 이날 행사를 이승만은 편지로 써서 서울의 『제국신문』에 보내어 3일 연속 크게 보도되었다. 이어 『대한매일신보』도 전문을 전재하여 장안에 화제를 일으켰다.[145]

4) 외교 독립론

044 이승만, 프린스톤에서 외교독립론을 완성(1910년)

이승만 대통령의 외교독립론은 대한민국의 초기 정부 수립 당시의 정책이다. 이승만은 당시의 세계적인 대립 상황에서 대한민국은 자주독립을 유지하겠다는 입장이었다. 이승만은 대한민국이 한국전쟁 당시 국제적인 지원을 받으면서도 외부 간섭 없이 자체적이고 독립적으로 존재해야 한다는 입장을 취했다. 그는 다양한 외교적 노력을 통해 국제사회에서 대한민국의 독립성을 강조하려 했

---

145) 손세일, 『이승만과 김구』 제2권, (서울: 조선뉴스프레스, 2015), 50.

다. 이승만이 그의 외교독립론의 학문적 논거가 되는 박사학위 논문을 완성한 것이 1910년이고 그것이 프린스턴대학에서 출판된 것이 1912년이다. 그리고 2년 후 1차 세계대전이 터졌다.

이 당시 체코의 독립운동가 마사리크와 조선의 독립운동가 이승만이 워싱턴에서 만나 깊은 우정을 나누었다.146) 마사리크는 체코 프라하대학 철학 교수였다. 체코-슬로바키아는 300년 동안 오스트리아-헝가리 제국의 식민지였다.

이 나라는 당시 세계 최강이었다. 이러한 나라로부터 긴 시간에 걸쳐 식민통치를 받은 체코-슬로바키아 민족은 거의 말살될 지경에 이르렀다. 체코는 언어, 종교, 토지를 빼앗겼다. 독립정신은 사라졌다. 이러한 환경에서 체코-슬로바키아 민족의 부활을 촉구하는 이가 마사리크 교수이다.147)

이승만과 마사리크는 거의 가망이 없는 상태에서 조국의 독립을 믿었다. 두 사람 모두 사형 선고를 목전에 둔 적이 있었으며 폭력과 무력을 혐오하는 평화주의자에 왕조의 해체를 주장하는 공화주의자가 됐다. 부인도 모두 외국인이었고 독립운동 과정에서 아들을 전염병으로 잃었다는 점마저 닮았다.

---

146) "맥아더 情報의 壽命 : 48時間", 『月刊中央』, (서울: 중앙일보사, 1968), 247-255.
147) 김학은, 『이승만과 마사리크』, (서울: 북엔피플, 2013), 408.

045 이승만과 마사리크의 외교독립론

두 사람 모두 칸트의 영구평화사상을 신봉했다. 이승만은 감옥에서조차 잠시도 손에서 책을 떼지 않았을 정도로 독서광이었다. 마사리크 역시 책벌레였다. 모두 문필가로 여러 책을 썼다. 이승만이 『일본내막기』(Japan Inside Out: The Challenge of Today)를 써서 일본제국의 도발과 몰락을 예측했다면, 마사리크가 '자살론'을 발표하여 오스트리아-헝가리 제국이 이른바 국가 자살의 길로 빠지는 것을 예측했다.

이승만이 한글 보급과 국민계몽을 목적으로 한국 최초의 일간신문인 『매일신문』을 창간할 무렵, 마사리크 역시 비슷한 목적으로 잡지 '학술진흥'을 창간했다. 이승만은 영어사전을 통째로 암기했고 마사리크는 라틴어 사전을 통째로 외웠다. 두 사람 모두 모국어 이외에 4개 이상의 언어를 이해할 수 있는 당대의 최고 지성인이었다. 국내에 가족을 두고 해외에 거점을 둔 망명 독립지사, 개혁가, 언론인, 박사, 교수, 학자, 대의원, 저술가, 외교가, 웅변가, 선전선동가, 평화주의자였다.148)

가장 중요한 공통점은 두 사람 모두 외교독립론을 우선적으로 주창했다는 사실이다. 그 과정에서 두 사람 모두 학자-교수 출신인 평화주의자 미국 대통령 윌슨의 정치사상에 크게 기대하고 그를 목표로 외교활동을 했다.

---

148) 위의 책, 505.

046 이승만의 외교정책

대부분의 한국 독립지사들이 사대주의 틀에 갇혀서 중국에, 대부분의 체코-슬로바키아 독립지사들이 범슬라브주의에 현혹돼 제정러시아에 커다란 기대를 건 것은 당시로써는 자연스러운 안목이라고 볼 수 있다. 그러나 이승만과 마사리크가 중국과 러시아를 탈피하여, 세계 대세를 정확하게 읽고 미국을 이용해 조국을 독립시키려는 외교정책을 밀고 나가 마침내 성공했다. 오늘날은 당연하게 보일지 모르나, 19세기 말에서 20세기 초에는 아직 강대국이 아닌 미국의 국제적 지위를 고려하면 매우 어려운 선택이었다. 이승만은 줄기차게 중국, 러시아, 일본의 세력균형 완충장치로서 동아시아 평화에 있어서 한국의 독립이 필수적임을 외교선전을 통해 미국 조야에 역설했고 마사리크 역시 러시아, 독일, 오스트리아-헝가리의 세력균형 완충지로서 유럽 평화에 있어서 체코-슬로바키아의 역할을 미국에 강조했다.[149]

마사리크는 마르크스를 비판하는 최초의 조직적 저서를 쓴 사람답게 마르크스주의의 가장 격렬한 반대자였고, 이승만은 한반도에 대한 러시아의 야심을 청년기부터 인식하고 있었다. 두 사람 모두 반소, 반공주의자가 될 수밖에 없음은 당연한 귀결이다.

이승만이 미국의 개신교, 민주주의, 자본주의에 편승한 것은 마사리크가 미국의 개신교, 민주주의, 자본주의에 기댄 것과 다를 바

---

149) 위의 책, 556.

없다. 그럼으로써 이승만은 조국의 존재를 그 역사에서 최초로 대륙세력이 아닌 해양세력에서 찾은 만큼, 마사리크 역시 시야를 넓혀 모국의 존재를 그 역사에서 처음으로 범슬라브주의가 아닌 전 유럽 내지는 전 세계 속에서 인식했다. 이승만은 상해의 임시정부 본부와 별도로 워싱턴의 구미위원부에서 미국을 상대해 외교활동을 했으며 마사리크 역시 파리 임시정부 본부와 별도로 런던사무소에서 처음에는 영국과 프랑스, 후에는 미국을 외교적으로 상대했다는 유사점도 눈길을 끈다.

마사리크와 이승만은 외교독립론의 쌍둥이이다. 이승만이 1910년에 책으로 쓰고 마사리크가 1914년에 실천에 옮겼으니 이승만이 선구자인 셈이다. 이 점이 외교독립론에 있어서 이승만의 독창성이다.

5) 미국의 영향

047 이승만의 기독교 국가 비전

1948년 5월 31일 오전 10시 국회 제1차 회의가 중앙청에서 진행되었다. 선거법에 근거하여 최고령자인 이승만이 임시의장으로 지명되어 단상에 올랐다. 그리고 이승만은 "대한민국 독립민주국회 제1차 의회를 열게 된 것을 하나님께 감사하는 바이다. 먼저 서울시 종로갑구 국회의원 이윤영 씨 나와서 하나님께 기도를 드

리기 바란다."150)라고 말하였다. 이승만의 호명에 따라 이윤영은
다음과 같은 기도를 하였다.

> "인간의 역사를 승리의 길로 이끄시는 하나님이 민족을 보호
> 하여 주시고 이 땅을 돌보아 주시와 감격의 이 날을 맞이하게
> 하여 주시니 감사하나이다. 우리 민족은 오랜 시일에 걸쳐 괴
> 로움에 잠겨 있었습니다. 정의로 이끄시는 하나님은 이제 세
> 계만방에 양심을 부르짖으시고 우리의 영원을 부르시와 이날
> 이 오게 한 것은 하나님의 천시(天示)로 알고 감사하나이다.
> 원컨대 우리의 민족과 함께 앞으로 길이 독립을 주시고 평화
> 를 세계에 펴게 하시와 하나님의 뜻을 받드러 성스럽게 글자
> 그대로 나라를 섬기게 하여 주소서. 우리는 중책을 느끼고 무
> 력함을 느끼오니 더욱 보호하여 주시와 이제 국회가 성립되며
> 세계가 주시하며 기다리는 우리 독립문제가 완수되어 자손만대
> 에 빛나는 역사를 전하는 자리가 되게 하여 주시옵소서."151)

이승만은 국회의 개원을 하나님께 감사하는 것으로 시작하였다.
그것은 교회에서 이루어진 것도, 이승만 개인적으로 이루어진 것
도 아니라, 국회라는 국가단체의 정식행사에서 이루어진 일이었다.
이승만에게 있어서 국가건설 최고의 이념은 '기독교 국가건설'이었
다. 그것은 신앙적인 이념이 아니라 국가의 정치·사회·경제적 이
념을 포괄하는 것이었다. 이승만은 옥중개종을 거치며 공개적으로

---

150) 『조선일보』, 1948년 6월 1일.
151) 같은 신문.

기독교에 의해 이루어지는 국가건설의 꿈을 고백하였다. 그것은
김구 선생과 함께 1945년 11월 28일 서울의 정동교회에서 강연한
내용에서도 발견할 수 있다.

> "나는 여러분께 감사합니다. 40년 동안 사람이 당하지 못할
> 갖은 고난을 받으며 감옥의 불같은 악형을 받으며 예수 그리
> 스도를 불러온 여러분께 감사를 드리는 것입니다. 지금 우리
> 나라를 새로이 건설하는 데 있어서 아까 김구 주석의 말씀대
> 로 튼튼한 반석 위에다 세우려는 것입니다. 오늘 여러분이 선
> 물로 주신 이 '성경' 말씀을 토대로 해서 세우려는 것입니다.
> 부디 여러분께서도 하나님의 말씀으로 반석 삼아 의로운 나라
> 를 세우기 위해 매진합시다."152)

그러한 강연이 있고 난 후에도 이러한 '기독교 국가건설'에 대
한 이승만의 발언은 계속되었다.153)

> "한민족이 하나님의 인도하에 영원히 자유독립의 위대한 민족
> 으로서 정의와 평화와 협조의 복을 누리도록 노력합시다."154)

라는 연설을 했고, 7월 24일 대통령 취임식에서는 미국처럼 하나
님의 이름으로 선서를 하였다. 이승만은 기독교를 단지 신앙의 영

---

152) 우남실록편찬회, 『우남실록: 1945-1948』, (서울: 우남실록편찬, 1976),
343.
153) 1946년 3·1절 기념식에서.
154) 『대동신문』, 1946년 3월 2일.

역에 두지 않고 국가의 모든 자리에서 적용되어지는 기독교적인 국가의 모델을 실현하고자 하였다. 그런 측면에서 그의 기독교 사상은 기존의 전통국가들이 국가의 기초로 삼았던 불교나 유교를 대체할 수 있는 하나의 통치 이데올로기로서의 의미를 강하게 지니는 것으로 여겨진다. 이승만에게 예수 그리스도는 '남의 죄를 대신하여 자기 목숨을 버린 사랑의 화신'이었다. 그리고 기독교인들은 사랑을 입은 사람들이었다.

> "그러나 이 은혜는 다른 것으로 갑흘 수 업고 다만 예수의 뒤를 따라 셰상사름을 위ᄒ야 나의 목숨을 버리기까지 일흘 뿐이라. 텬하에 의롭고 스랑ᄒ고어진 것이 이에 더 지내는 것이 어대 잇스리오. 이는 하ᄂ님의 감샤흔 은혜를 깨달아 착ᄒ 일을 스스로 안이ᄒ지 못흠이라. 사름마다 두려운 뜻으로 악을 짓지 못ᄒ며 감샤흔 뜻으로 착흔 일을 안이ᄒ지 못흘진대 셔로 스랑ᄒ고 도아주는 즁에셔 엇지 평강안락흔 복을 엇지 못ᄒ며 이 잔인포학흔 인간이 곳 텬국이 되지 안으리오. 이것이 곳 지금 셰계샹 샹등문명국의 우등문명흔 사름들이 인류샤회에 근본을 삼어 나라와 백셩이 일톄로 놉흔 도덕 디위에 니림이라."155)

이승만은 예수의 은혜를 입은 사람들이 그 은혜를 갚을 수 있는 길은 예수가 하였듯이 자기희생적 사랑을 실천하는 것이라고 말했다. 그런 삶 속에 다른 이들을 향한 악은 존재할 수 없고, 평강한

---

155) 이덕주, "이승만의 기독교 신앙과 국가건설론", 62.

사회를 만들 수 있게 되는 것이었다. 그렇게 개인의 이익이 아니라 타인을 위한 삶을 살게 될 때 그곳이 천국이 된다는 것이었다. 그리고 그것이 상등 문명국들이 이루어낸 훌륭한 결과물이라고 생각하고 그러한 국가건설을 희망하였다.

048 이승만 대통령과 민주국가 건설

이승만의 국가건설의 기초 이념은 '기독교 국가건설'이 틀림없다. 그러나 이승만의 국가건설을 자세히 살펴보면 이는 '기독교 국가건설' = '미국'이라는 틀을 발견하게 된다. 한국에 기독교를 전해 준 미국과 미국교회에 대한 감사의 마음을 공개적으로 표현하였던 이승만에게 미국은 하나의 모델과도 같은 것이었다. 그리고 이러한 자유 독립 국가를 만드는 데 있어서 미국이 한국에 커다란 힘이 되어 줄 것이라는 기대가 있었다.

이승만은 일찍이 미국식 민주주의를 신봉할 수밖에 없는 환경 속에서 자라났다. 즉 그의 미국식 민주주의에 대한 신념은 그가 배재학당에 입학하여 서재필과 많은 미국인 목사와 선교사들을 통해 본격적으로 자유와 평등이라는 당시의 매우 개혁적이고 위험부담이 큰 사상에 눈을 뜨면서 내면 깊이 형성하였다. 그는 남들보다도 훨씬 더 적극적으로 그러한 사상을 『협성회회보』나 『매일신문』 같은 곳을 통해 기고하기도 했다.[156]

---

156) 정진석, "언론인 이승만의 말과 글", 『뭉치면 살고』, 35.

그 밖에도 그는 1904년 옥중에서 작성한『독립정신』에서 서양의 계몽된 나라, 그중에서도 미국을 중점적으로 내세우며, 부국강병(富强文明)을 누리며 극락세계(極樂世界)를 이룬 비결이 국가를 구성하는 국민 각자에게 자유 권리를 허여한 데 있다고 강조하였다.157) 특별히『독립정신』에서 강조된 미국의 자유와 평등, 그리고 민주주의에 기초한 기독교 국가로서의 이상향은 그의 미국에 대한 절대적 신뢰를 더욱 명확하게 해준다. 그는 이 책에서 미국을 '상등 문명국', 혹은 극락국(極樂國)이라고 찬양했다.158)

이러한 미국적 국가건설은 대통령제에 대한 이승만의 집념이 있었다. 이승만은 한국 정부 수립에 있어서 내각책임제를 거부하고 미국이 택하고 있는 대통령제를 끌어냈다. 이승만은 내각책임제를 군주국에나 걸맞고 또 독재화 가능성이 높은 '비민주제도'로 보면서 미국식 대통령 중심제는 민중의 의사를 가장 잘 대행할 수 있는 진정한 민주주의제도라고 인식하였다. 그는 1948년 제헌 공포 직전 기자단 회견에서 아래와 같이 말했다.

> "현재 기초 중인 헌법의 내각제는 국무총리를 둘 책임내각으로 되어 있으나... 나 개인으로는 미국식 삼권분립 대통령책임제를 찬성한다. 지금 영국이나 일본에서 하고 있는 제도가 책

---

157) 리승만,『독립정신』, (서울: 정동출판사, 1993), 31.
158) 유영익, 송병기, 양호민, 임희섭 공저,『한국인의 대미인식』, (서울: 민음사, 1994), 110-115.

임내각제라 할 것인데, 영국이나 일본에서는 군주정체로 뿌리
가 깊이 박힌 나라일 뿐 아니라 갑자기 왕제도를 없앨 수 없
는 관계로 그러한 군주국 제도를 사용하고 있으나, 우리나라
에서는 그런 제도와 관념은 이미 없어지고 40여 년 전에 민주
정부를 수립할 것을 세계에 공포한 이상 우리는 민주정체로서
민주정치를 실현하여야 할 것이다. 대통령을 국왕과 같이 신
성불가침하게 앉혀 놓고 수상이 모든 일을 책임진다는 것은
비민주제도일 것이다. 이와 같이 하면 히틀러, 무솔리니, 스탈
린과 같은 독재정치가 될 우려가 있으므로 나는 찬성하지 않
는다. 민중이 대통령을 선출한 이상 모든 일을 잘하든지 못하
든지 대통령이 책임을 지고 일을 하여 나가야 할 것이지 그렇
지 않다면 사리에 맞지 않는 일이라고 아니 할 수 없다."[159]

이승만이 대통령제를 더 민주적이라고 판단한 것은 내각제와의
객관적인 비교를 통해서라기보다 미국이 대통령제를 채택하고 있
다는 것에 기인했을 가능성이 높다. 미국을 기독교 국가의 이상
모델로 생각했던 이승만에게 대통령제를 선택하는 것은 그런 면에
서 너무나 당연한 것이었다. 이러한 미국이라는 국가에 큰 호감을
가지고 있던 이승만은 미국의 정치와 경제 제도에 절대적인 지지
를 보내었다. 이처럼 이승만은 미국이라는 확실한 모델을 두고 국
가건설의 길을 걸어갔다.

---

159) 유영익, 『젊은 날의 이승만』, 321-322.

049 이승만의 평등국가 사상

이승만은 조선왕조의 후예였지만, 몰락한 양반 가문의 출생이었다. 이런 환경적 배경과 성장 과정에서 배양된 서민적 성향이 이승만으로 하여금 하나님께서 창조한 인간은 양반과 상놈, 남과 녀, 사상을 초월하여 평등하다는 사상을 쉽게 받아들이도록 이끌었다. 이승만이 기독교로부터 얻은 핵심 가치가 '평등'에 대한 것이었다.

본래 이승만이 선교사들이 운영하는 학교에 나가게 된 것은 오직 영어를 배우겠다는 일념 때문이었다. 그 목적은 달성했지만, 영어보다 훨씬 중요한 정치적 평등과 자유사상을 알게 되었다.[160]

이승만에게 평등과 자유는 서구 국가들의 정치와 사회제도들의 기본적인 사상적 바탕으로 이러한 사상적 배경이 그들 국가를 앞서게 만든 것으로 이해되었다. 이승만은 배재학당을 졸업한 이후에도 이 '평등'의 가치를 위해 적극적인 활동을 펼쳤다. 이승만이 많은 방법 중에서 선택한 것은 교육을 통한 계몽이었다. 이런 평등사상은 옥중에서 생명의 경외감을 체험하면서 더욱 견고해졌다.

> "세상에서 이르는 바 높다, 귀하다, 천하다 하는 것은 인심으로 질정한 형편을 구별함이려니와 실로 天理를 볼진대, 그 소위 귀하고 높다는 자이나, 약하고 천하다는 자이나 이목구비와 사지백태는 일반으로 타고나서 더하고 덜한 것이 없나니

---

160) 로버트 T. 올리버, 『이승만-신화에 가린 인물』, 황정일 역, (서울: 건국대학교출판부, 2008), 75-76.

이는 하늘이 다 각기 제가 제 일을 하며 제가 제 몸을 보호할
것을 일체로 품부(稟賦)하심이라."161)

이승만은 『독립정신』에서 젊은 시절부터 확고한 신념으로 자리
잡은 평등사상은 한국의 고질적 병폐를 극복하고 문명부국을 이루
는데 가장 기본적인 요소라는 것을 강조하였다. 이승만의 이러한
평등에 대한 이해는 그의 환경적인 틀 속에서 얻어진 것도 있겠지
만, 무엇보다 기독교에 의존하고 있다는 것을 기억해야 한다.

> "(예수는) 우리의 영혼상 관계는 물론하고 정치상 관계로만
> 볼지라도 전고(前古)에 처음되는 혁명 주창자이라, 모든 사람
> 이 다 하나님의 동등 자녀되는 이치와 사람의 마음이 악한 풍
> 속과 어리석은 습관과 모든 죄악에서 벗어나서 자유활동하는
> 이치를 다 밝게 가르치셨으니, 성경을 공부하는 사람이 부지
> 중에 스스로 혁명사상을 얻는 것은 과연 그 책이 진리를 가르
> 치며 진리는 사람의 마음을 자유시키는 연고로다."162)

모든 사람이 하나님의 동등한 자녀가 된다는 것을 예수가 우리
에게 밝게 가르치셨다고 말하는 이승만은 그 가치를 국가건설의
중요한 자리에 두게 되었다. 결국 그는 신분의 평등과 남녀평등의
실현을 우선적으로 주장하면서 결국 자신이 깊이 관여하여 제정한
48년 제헌헌법에도 그와 관련된 문구를 명확히 하였던 것이었다.

---

161) 이승만, 『독립정신』, 55.
162) 이승만, 『한국교회핍박』, (하와이: 신한국보사, 1913), 83-84.

즉, 국민의 평등권 부분에서 "모든 국민은 법률 앞에 평등하며, 성별, 신앙, 또는 사회적 신분에 의하여 정치적, 경제적, 사회적 생활의 모든 영역에 있어서 차별을 받지 아니한다."(제2장 제8조)라는 구체화한 조문이 그의 기독교 사상에 기초한 평등주의 이념을 잘 말해주는 것이다. 이러한 이승만의 평등주의는 단순히 사상적인 평등만을 의미하지 않았다. 미군정기인 1946년 5월 27일 공창제도를 폐지하는 등 여성의 평등을 위한 실제적인 제도적 기반들을 마련하였다. 대한민국 정부 수립 후 주장된 '일민주의(一民主義)'163)에도 이승만의 이러한 평등주의는 그대로 나타나고 있음을 발견할 수 있다.

> "리 박사는 일민주의라는 것을 생각해 내어 국민을 계몽하였는데, 그것은 고금동서양의 사상에서 가장 좋은 점만을 따서 우리나라 사상과 현실에 맞도록 만든 것으로서 우리나라 사람

---

163) 1948년 8월 15일 정부 수립과 함께 초대 대통령이 된 이승만은 반공체제를 구축하기 위한 목적에서 새로운 이념으로 '일민주의(一民主義)'를 제기하였다. 핵심내용은 "한겨레인 일민(一民)은 반드시 한 핏줄(동일혈통)이다. 이 한 핏줄이라는 것이 일민에는 절대적 요소이다. 만일 한 핏줄이 아니라면, 한겨레 한 백성이 될 수 없고 또 한 겨레 한 백성이라면, 반드시 한 핏줄일 것이다."라는 것이다. 이승만이 일민주의 개술에서 제시한 일민주의 4대 강령은 다음과 같다. 경제상으로는 빈곤한 인민의 생활 정도를 높여 누구나 동일한 복리를 누리게 할 것, 정치상으로는 대다수 민중의 지위를 높여 누구나 상등 계급의 대우를 받게 할 것, 남녀동등 주의를 실천하여 우리의 화복안위의 책임을 삼천만이 동일히 분담하게 할 것, 지역의 도별을 타파해서 동서남북을 물론하고 대한국민은 다 한 민족임을 표명할 것.

과 세계의 모든 인류가 가장 행복스럽게 살 수 있는 길을 가르친 크고도 새로운 주의입니다. 일민이란 말은 세계의 모든 개인은 다같이 하나님의 아들딸이란 뜻입니다. 그러므로 모든 사람은 동포로서 서로 싸우거나 빼앗지 말고 잇고 없는 것을 서로 나누어가면서 의좋게 협력하여 행복하고 잘 살도록 건설하여 가자는 것입니다. 이것은 국제일민주의라 할 수 있는 것으로서 국제연합 헌장이나, 세계인권선언과 흡사한 것입니다."164)

이러한 이승만의 평등주의는 초대 한국 대통령으로서 이승만이 바라보던 이상적인 국가의 한 단면이었다.

050 이승만의 자본주의 국가 사상

이승만은 1901년에 옥중에서 집필한 "이젠 천하 근본이 농사가 아니라 상업이다"라는 제목의 『제국신문』 논설에서 나라를 富(부)하게 만들려면 농본주의에서 벗어나 영국의 중상주의를 본받아야 한다고 주장했다. 자본주의적 국제무역 시대에서 상업과 무역이 농업보다 성장하는 것이 국부의 원천이라는 것이다. 이승만은 자본의 근간이 되는 농지제도 개혁에 강한 의지를 갖고 있었다. 그의 농지개혁 사상은 성경의 희년법165)에서 왔다. 이승만은 1948년 3월 20일에 올리버 박사에게 보낸 편지에서 자본주의 국가로 가기 위한 토지개혁에 대한 자신의 견해를 피력했다.

---

164) 우남전기편찬위원회, 『우남노선』, (서울: 명세당, 1958), 91-92.
165) 이 책 089 이승만과 농지개혁 참조.

"우리가 우리 정부를 발족시키게 될 때에는 한국의 팟쇼, 반
동 그리고 극우 분자 운운하는 모든 인간들이 우리나라를 자
유화시키는 일에 우리들이 얼마나 앞서나가는가를 보고 놀라
움을 금치 못할 것이오. 토지개혁법이 먼저 제정될 것이고 다
수의 자유주의 운동이 뒤를 이어 실시될 것이오."[166]

새로운 국가건설을 위해 토지개혁이 가장 먼저 이루어져야 한다
던 이승만은 1946년 2월 남조선 대한민국 대표 민주의원 의장 자
격으로 27개 정책강령을 발표했다. 여기에서 토지개혁에 대해서
유상몰수(有償沒收) 유상분배(有償分配)의 기본입장이 밝혀졌다.
1948년 7월 6일 국회 제26차 본 회의에서 결정된 헌법안에서 정
부 수립 후 토지개혁의 전개가 자본주의적 원칙하에서 지주의 보
상을 원칙으로 한다는 조문이 통과되자, 정부 수립 후 농지개혁은
자본주의적 농지개혁으로 기정사실화되었다.

농지개혁은 지주제를 해체하고, 자작농 체제를 가능하게 하였지
만, 무엇보다 농지개혁을 통해 이승만이 기대한 것은 농업자본에
서 산업자본으로의 변화였다. 농지개혁은 지주의 산업자본 강화를
수반하지 않았지만, 지주의 손을 떠난 지가 증권(地價證券)이 신
흥기업가들에 의해 귀속재산 불하에 활용됨으로써 한국 자본주의
를 태동시키는 결과를 초래했다. 농지개혁법은 지주가 "지가 증권

---

166) 로버트 T. 올리버, 『대한민국건국의 비화』, 박일영 역, (서울: 계명사,
1990), 213-214.

을 기업 자금에 사용할 때에는 정부는 융자를 보증한다."(제8조)라
고 규정하고 있었다. 농지개혁이 이승만이 기대하던 자본주의를
향한 첫걸음이라고 할 수 있을 것이다.

이런 자본주의에 대한 이승만의 꿈은 대한민국 건국에 임하여
사유재산을 보호하고 자유경쟁을 조장하는 자본주의적 시장경제
체제를 이상으로 삼아 상공업을 육성시킴으로써 나라의 부강을 조
속히 달성시키려는 경제 발전계획을 수립하기도 하였다.

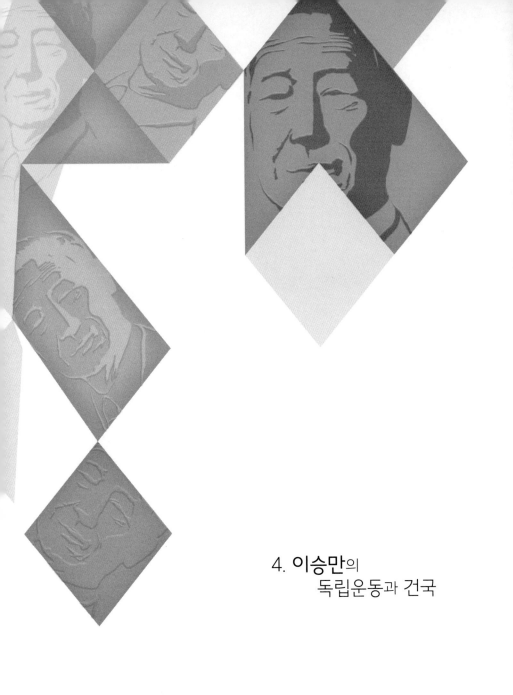

4. 이승만의
독립운동과 건국

4. 이승만의 독립운동과 건국

이승만은 일제강점기 동안 미국을 중심으로 한 해외에서 독립운동을 주도한 대표적인 독립지사이다. 그는 동서양의 학문을 두루 섭렵한 학문적 실력과 구한말 조선반도를 차지하려는 열강의 세력구도, 미국에서 공부하면서 배운 국제정세를 통해 탁월한 정치적 식견과 리더십을 바탕으로, 대한민국의 건국과 초대 대통령의 역할을 성공적으로 수행하기에 최적의 인물이었다.

1) 3.1운동

051 이승만과 3.1운동

3.1운동은 누가 시작하였는가? 민족대표 33인은 언제부터 어떻게 만세운동을 준비하였을까? 당시 전국 220개 군 중에 211개 군 100여만 명이 들고 일어난 독립만세 횃불 봉기가 윌슨(Thomas Woodrow Wilson)의 민족자결주의 선언만으로 가능했던가? 고종의 일본 독살설에 분노한 애국심이 그렇게 조직적으로 폭발할 수

있었는가? 모든 투쟁엔 리더가 핵이다. 3.1운동은 이승만이 처음 부터 기획하고 불 지른 항일투쟁이다. 윌슨 민족자결론이 나온 직 후부터 이승만은 조선독립을 위한 절호의 기회를 잡자고 결심하였 고, 그해 가을부터 국내 동지들에게 구국 운동을 벌이라고 밀서를 보냈다.167)

인촌(仁村) 김성수의 증언

"1918년 12월 어느 날, 워싱턴에서 재미동포들과 구국 운동을 하고 있던 우남 이승만이 밀사(密使)를 보내왔다. 그 밀사는 이런 내용의 밀서(密書)를 휴대하고 있었다. '윌슨 대통령의 민족자결론 원칙이 정식으로 제출될 이번 강화회의를 이용하 여 한민족의 노예생활을 호소하고 자주권을 회복해야 한다. 미국 동지들도 구국 운동을 추진하고 있으니 국내에서도 이에 호응해주기 바란다.' 12월이면 세계1차대전이 막 끝난 시기, 다급해진 이승만의 재촉이었다. 이승만의 밀서를 받아본 28세 김성수는 동지 송진우(29. 중앙학교장), 현상윤(26)과 숙의 끝 에 그나마 조직이 살아있는 천도교를 동원하기로 작정하고 손 병희의 팔다리와 같은 최린(보성학교 교장)을 그 제자 현상윤 이 설득을 개시하였다.168)

세계1차대전 마지막 해 1월에 발표된 윌슨 미국 대통령의 연두교서 14개 조항 중 '민족자결권'의 폭발력은 모든 피압박 약소민족을 흥분시켰음은 물론, 특히 조선 땅의 독립운동가들 에겐 다시없는 복음이었다. 윌슨이 누구인가, 이승만 박사의

---

167) 이승만기념관, '이승만의 밀서가 3.1운동을 일으켰다.' 인보길 칼럼.
168) 『인촌 김성수의 사상과 일화』, (동아일보사, 1985), 95.

스승, 망국민의 '신화'이자 '구세주' 같은 존재로 떠오른 미국 대통령이었다. 이승만이 윌슨을 움직이면 조국독립은 성큼 다가올 것 같은 기대감이 뜨겁게 부풀었을 당시, 이승만의 명령으로 김성수를 비롯한 20대 청년지도자들이 뛰쳐 일어났던 것이다. 그 밀서엔 '종교조직을 활용하라'라는 지령도 들어있었다."169)

임영신의 회고
"1918년 스무살 처녀 교사 임영신은 천안에서 학생들에게 독립정신을 가르치는 항일운동을 시작하였을 때 어느 날 허름한 행상청년으로부터 이승만 박사의 "윌슨 대통령은 세계평화를 위한 14개 조문을 선언, 그중의 하나가 민족자결권인데 이를 최대한 이용해야 한다. 한민족의 분명한 의사표시가 국제적으로 속히 알려져야만 한다. 윌슨 대통령이 반드시 우리를 도울 것이다."라는 밀지를 받았다. 용기를 얻은 임영신은 본격적인 비밀투쟁에 나서서 다음해 3.1운동 때 전주에서 만세운동을 벌인다."170)

도쿄 유학생 '2.8 독립선언'
"1912년 3월 망명길에 일본의 기독교대회에 참석한 이승만은 7~8개로 나눠진 유학생 조직을 YMCA로 일원화하도록 권하면서 YMCA 건물자금도 모금해주었다. 이후 일본 유학생들은 하와이에서 이승만이 발행하는 [태평양잡지]를 몰래 구독하면서 '이승만 밀서'를 받아보자 본국보다 먼저 2월 8일 독립선언을 감행한다."171)

---

169) 앞의 책, 96.
170) 승당 임영신 회고록, 『나의 40년 투쟁사』, (2008).

052 3.1운동

'삼일운동'이란 일제의 식민지배와 그 억압정책에 대한 전면적인 거부 운동으로써 1919년 3월 1일 서울의 파고다공원과 태화관, 그리고 전국의 9개 지역에서 '독립선언서'를 선포함으로 시작되어 적극적으로 약 2개월, 광의적으로는 1년여 간에 걸쳐 국내와 만주, 연해주 등으로 확대된 민족적인 항일독립운동이다. 서울에서 시작된 만세운동은 2일에는 함흥, 해주, 수안, 강서 등으로, 3일에는 예산과 개성, 곡산과 통천 등으로 이어 나갔다. 그리고 전국으로 확산되어 의주, 선천, 정주, 평양, 진남포, 안주, 영흥, 원산, 해주, 옹진, 서흥, 연백, 수안, 개성, 대구 등에서는 거의 같은 날 같은 시간에 만세운동이 일어났다. 12일에는 만주 서간도를 시작으로 15일에는 샌프란시스코와 하와이, 17일에는 블라디보스토크 등으로 번져 나갔다. 조국을 떠난 동포들도 한목소리로 독립을 외쳤다. 만세운동은 3월 20일부터 절정을 이루었고 4월 9일까지 지속되었다.[172]

이 운동은 1910년 8월 일제가 한국을 강점하고 9년 후에 일어난 사건으로써 민족 독립에 대한 열망과 독립투쟁의 새로운 가능성을 보여준 사건이었다. 약 2개월에 걸쳐 전국적으로 전개된 이때의 독립운동 기간에 전인구의 10%에 해당하는 200만이 넘는

---

171) 이승만기념관, '이승만의 밀서가 3.1운동을 일으켰다.' 인보길 칼럼.
172) 김명구, 『한국기독교사1』, 348.

한국인이 만세운동에 가담하였다. 4월 말에 접어들면서 일제의 야만적인 탄압으로 반일 투쟁은 서서히 막을 내리게 되지만 3월 1일에서 5월 말까지 학살된 자가 7,509명, 부상자가 15,961명이었고, 피검된 자는 46,948명에 달했다. 삼일운동은 한국인들이 신분, 직업, 계급, 지역 그리고 종교를 초월하여 대동단결하여 일어난 사건으로서 한국인이 근대민족으로 거듭나는 계기가 되었으며, 한민족의 주체적인 독립 쟁취에 대한 자신감을 부여했고, 이후 전개된 독립운동의 지속적인 원동력이 되었다. 평양 주제 감리교 선교사 무어(John Moore)는 "조선인의 삼일운동 후 일년 간의 사상적 진보는 50년 이상의 진보"라고 평가했다.173)

053 3.1운동의 배경과 시작

제1차 세계대전이 끝나갈 무렵인 1918년 1월 8일, 미국 의회에서 대통령 윌슨(Thomas W. Wilson)은 전후 평화에 대한 구상을 담은 '14개 조 원칙'을 발표했다. 이 원칙은 자유주의와 민족자결주의 원리에 따라 전후의 세계질서를 재수립하려는 기본 구상이었다. 여기에는 공개 외교, 해양의 자유, 자유 무역, 군비 축소, 민족자결의 원칙에 따른 국가 간의 국경선 조정, 폴란드의 독립, 국제연맹 창설 등의 조항이 포함되어 있었다.

윌슨의 제안과 구상은 세계 대부분 국가로부터 지지를 받았는

---

173) 이상규, "삼일운동과 한국기독교", 『뉴스파워』, 2021년 3월 1일.

데, 특별히 '민족자결주의' 문제는 한국을 비롯한 식민 국가들을 고무시켰다.[174] 윌슨은 이승만의 프린스턴대학 스승이었다. 뉴저지주 주지사 시절에도 이승만과 여러 차례 한국 문제를 논의한 바 있다. 그의 주장은 3.1운동의 이데올로기가 되었고 한국 독립운동의 당위성이 되었다.[175]

1919년 2월 8일 오후 2시, 유학생 600여 명이 도쿄의 기독교청년회관에서 독립만세를 외쳤다. 이들은 한일합병 조약의 폐기, 한국의 독립선언, 민족대회 소집을 요구했다. 도쿄 유학생들을 자극시켰던 것은 윌슨 대통령이 발표한 14개 조항의 평화원칙의 내용이 알려지고, 고베에서 발행되던 영자지 저팬 애드버타이저(The Japan Advertiser)가 보도한 내용 때문이었다. 기사에는 미국에 거주하고 있던 이승만, 민찬호, 정한경 세 사람이 한국 독립을 제소하기 위해 파리강화회담에 파견되었고, 미국에 거주하고 있는 한국인들이 독립청원서를 미국 정부에 제출했다는 내용이었다. 독립의 기회가 왔다고 판단한 유학생들은 독립선언서를 만들어 발표하기로 했다.

조선청년독립단을 조직한 이들은 독립선언서를 만들었고 독립청원서와 선언서를 일본 주재 각국 대사관, 공사관과 일본 정부의 각 대신, 일본 귀족원 중의원, 조선 총독 및 각 신문사로 보냈다.

174) 김명구, 『한국기독교사1』, 354-355.
175) 위의 책, 356.

유학생들의 의거는 국내로 즉각 알려졌고 3.1운동의 도화선이 되었다. 2.8독립 선언서는 3.1독립 선언서의 기초가 되었고 많은 수의 유학생들은 귀국해 3.1운동에 나섰다.[176]

국내의 손병희, 권동진, 오세창, 최린 등 천도교 측 인사들은 일본 유학생들의 독립선언 준비 소식을 접하고, 1919년 1월 중순경 만세시위 형태의 독립운동을 전개하기로 합의했고, 이 운동의 대중화, 일원화, 비폭력의 3대 원칙을 정했다. 한편 평양의 기독교계는 정주교회 집사 출신으로 상하이 한인교회에서 일하던 선우혁을 통해 상하이에서의 독립운동에 대한 근황을 전해 듣고 1919년 2월 중에 기독교계 학생들과 신자들을 동원하여 만세운동을 전개하기로 결정했다. 김선두, 강규찬, 도인권, 이덕환, 윤원삼, 김동원등 교회 지도자들이 중심이었다. 천도교 측은 독자적으로 만세운동을 준비하던 중 손병희, 최린을 중심으로 기독교 측의 이승훈, 함태영과 접촉하여 운동의 일원화를 협의했다. 2월 24일의 일이었다. 기독교 측과 천도교 측은 연합하여 1) 독립을 선언하고, 2) 일본과 미국, 파리강화회의에 독립을 청원하며, 3) 만세시위를 전개한다는 3가지 방식을 추진하기로 합의했다. 최린과 함태영은 각각 양측을 대표하여 실무를 협의하였다.[177]

---

176) 위의 책, 361.
177) 이상규, "삼일운동과 한국기독교", 『뉴스파워』, 2021년 3월 1일.

054 3.1운동과 한국 선교사들

삼일운동 당시(1919. 4.) 국내에는 433명의 외국인 선교사들이 활동하고 있었으나, 심정적 동조에도 불구하고 정치적 문제에 대해서는 중립적 입장을 취했다. 선교사들이 '중립'의 경계를 넘게 만든 것은 그들이 목격한 만행이었다.

날조된 105인 사건 이후 선교사들은 "만행 앞에 중립이란 있을 수 없다."(No neutrality for brutality)라고 인식했고, 제암리 학살 사건에서 이런 인식은 심화된다. 도날드 클락(Donald N. Clark)은 삼일운동에 대한 선교사들의 태도 혹은 관여를, 가담자들에 대한 보호(sheltering), 부상자에 대한 치료(treating the wounded), 제암리 학살 사건에 대한 조사(investigating the Che'am-ni massacre), 영사관 및 본국 위정자들을 통한 항의(protests to Consuls and constituencies at home), 그리고 여론형성을 통한 항의(protests in the press) 등 5가지 유형으로 정리한 바 있는데, 가장 중요한 활동이 언론을 통한 일제의 만행에 대한 고발이었다.

만세운동에 대한 정보의 해외 유출은 크게 3가지 통로로 이루어졌다. 첫째는 '뉴욕타임즈'(The New York Times)나 'AP통신' 혹은 '재팬 어드버타이저'(The Japan Advertiser) 같은 언론기관을 통해서였다. 둘째는 서울 주재 미국 총영사나 영국 혹은 프랑스 영사관 등 재한(在韓) 해외공관을 통해서였다. 세 번째 통로가 주한 선교사들을 통한 유출이었다. 당시 선교사들은 사신이나 공식

적인 보고서를 통해 조선에서 일어나고 있는 만세운동에 대해 본
국의 교회에 보고하였고, 안식년이나 기타 이유로 본국으로 돌아
간 선교사들을 통해 식민지배하에서의 조선의 정치적 상황이 구미
사회에 공표되었다.

이런 일련의 활동은 일본의 폭압적인 식민지 지배와 조선의 독
립에 대한 국제적 여론을 형성하는 데 이바지했다.[178]

055 3.1운동의 결과

삼일운동은 궁극적으로 독립을 쟁취하자는 것이었다. 그러나 독
립을 이루지는 못했지만, 일반적으로 다음과 같은 결과를 가져온
것으로 평가됐다.

첫째, 그해 4월 11일 상하이(上海)에 대한민국 임시정부가 수립
됨으로써 국민 주권 정부 수립 운동이 일어나고 거족적인 민족독
립운동의 구심점이 형성되었다.

둘째, 삼일운동이 비폭력 운동으로 시작되어 많은 피해를 입게
된 것을 교훈으로 삼아 만주지역을 중심으로 무장독립 투쟁이 일
어나, 북간도에서의 국민군회를 비롯하여 북로군정서, 서로군정서,
대한독립군, 대한의용군, 광복군총영 등이 조직되었다. 1920년에는
홍범도 장군이 지휘하는 독립군 부대가, 같은 해 청산리전투에서
는 김좌진 장군이 지휘하는 북로군정서군이 일본군과 대결하는 등

---

178) 같은 신문.

무장 독립운동을 전개하는 계기가 되었다.

셋째, 삼일운동에 참여했던 민중들의 정치의식이 고조되어 국내 민족운동의 기반이 강해졌고, 국산품애용, 근검, 절제운동, 계몽운동 등으로 발전하였다.

넷째, 삼일운동이 민족자결주의에 영향을 받았지만 동시에 우리가 세계의 피압박 약소민족의 독립과 해방운동에도 영향을 끼쳤다. 북경대학 중심의 5.4운동, 인도 간디 중심의 '샤타그라하' 비폭력 무저항운동이 그것이다. 필리핀, 베트남, 이집트 등지에도 간접적인 영향을 주었다.

다섯째, 삼일운동은 일제의 식민통치수단인 무력정치의 한계를 깨닫게 해주어 비록 가식적 측면이 없지 않지만, 문화정치로 전환하는 계기가 되었다.

2) 대한독립

056 임시정부 초대 대통령(1919년)

이승만은 러일전쟁이 진행되던 1904년 8월에 한성감옥에서 석방된 후, 그해 11월 고종황제 측근의 친미파 관료인 민영환과 한규설의 밀명을 받아 미국으로 파견되었다. 미국에 건너간 이승만은 미국 동부에 위치한 조지워싱턴대학, 하버드대학 및 프린스턴대학에 입학해 학사, 석사, 박사 과정을 마쳤고 한국인 최초의 정치학 박사학위를 받았다. 박사 논문의 주제는 『미합중국의 영향을 받은 중립』(Neturality as influenced by the U.S.)이었다. 미국의 중립적인 비개입 노선에 바탕을 둔 자유항행과 자유통상의 원칙에 입각한 국제질서의 역사적 기원과 발전을 추적한 내용이었다. 논문을 준비하면서 이승만은 국제법과 국제정세를 보는 안목을 길렀고, 남다른 통찰력을 갖게 되었다.

제1차 세계대전이 끝나자 샌프란시스코에 본부를 둔 대한인국민회 중앙회(회장 안창호)는 이승만·정한경을 파리에서 열릴 강화회의에 참석할 한국 대표로 임명했다. 이를 계기로 이승만은 국제무대에서 한민족의 독립 열망을 대변할 정치·외교가로 알려지기 시작했다.

1919년 3.1운동이 곧바로 독립으로 이어지지는 못하였으나, 우리 민족은 독립에 대한 희망과 의지를 갖게 되었다. 그리하여 보다 조직적으로 독립운동을 추진하기 위해 정부를 수립하려는 움직임이 국내외에서 일어났다. 이미 3.1운동이 일어나기 전에 연해주에 대한 광복군 정부가 조직되어 활동하기도 하였으나, 정부 수립 운동이 본격화된 것은 3.1운동을 통해서였다. 1919년 4월 23일, 만세시위가 전개되는 중에 서울에 13도의 대표가 모여, 앞으로 독립운동을 체계적이고 조직적으로 전개해 갈 정부의 수립을 선포하였다. 이것이 한성정부였다. 한성정부를 비롯하여, 중국의 상하이에서는 대한민국 임시정부가 조직되었고, 미국 등지에서도 임시정부의 수립을 추진하였다. 연해주에서도 대한국민의회라는 의회 중심의 임시정부가 조직되었다. 국내외에 수립된 여러 임시정부를 상하이의 대한민국 임시정부로 통합하였다.

대한민국 임시정부는 자유 민주주의와 공화정을 기본으로 한 국가 체제를 갖추고, 대통령제를 채택하여 1919년 9월 6일 이승만을 대한민국 임시정부의 초대 대통령으로 선출했다. 그의 나이는 44세였다.

057 이승만의 유럽과 미국에서의 활동

이승만은 1933년 1월 초부터 5월 중순까지 제네바에 머물며 국제연맹 및 그 회원국 대표들과의 접촉을 시도했다. 제네바에 도착한 1933년 1월 4일부터 2월까지 이승만은 국제연맹 가맹국 대표들과 언론인 등을 집중적으로 만나 한국문제의 연맹 제출 가능성에 대하여 타진했다. 결과적으로 이승만의 행보는 언론의 관심을 끄는 데는 성과를 거두었다. 그리고 이승만은 3월 26일에 『만주의 한국인들: 이승만 박사의 논평과 함께 리튼보고서 발췌; The Koreans in Manchuria: Extracts from the Lytton Report with Comments by Dr. Syngman Rhee』라는 팜플렛을 출간했다.

이승만은 이 책을 통하여 만주의 한국인 문제들에 대한 정당한 고려 없이 만주분쟁의 해결은 바랄 수 없으며, 궁극적으로 한국의 독립 회복만이 19세기 말 이래 지속되어 온 일본의 대륙팽창 욕구를 저지할 수 있는 보루가 된다는 사실을 국제연맹과 그 회원국 대표들에게 납득시키고자 했다. 특히 그는 만주의 한국인 문제를 집중 부각시키는 가운데 일본의 만주침략과 '만주국' 수립의 부당성을 지적함으로써 국제연맹이 '리튼보고서'179)가 채택되도록 활동했다.

더불어 국제정세를 살피면서 일본이 미국을 침략할 것을 예감하고, 1941년에 『일본내막기』(Japan Inside Out)180)를 출판했다. 이 책에서 이승만은 한반도와 만주 그리고 중국을 침략한 일본이 세계 정복의 야욕을 달성하기 위해 태평양에서 미국에 도전할 것이라고 예고했다. 그의 주장은 예언이 되었다. 1941년 12월 7일 진주만 사건이 일어나면서 미국 조야에서 이승만에 대한 인지도는 올라갔다. 그러던 중 1945년 4월 25일부터 샌프란시스코에서 개최된 국제연합 창립총회에 대한민국 임시정부의 대표단장으로 모습을 나타내면서 다시 한번 세계 각국은 한국의 독립 문제에 더욱 관심을 갖게 되었다.

---

179) 리튼 조사단은 국제연맹이 만주사변과 만주국을 조사하라고 조직한 국제연맹 중일 분쟁 조사 위원회의 통칭이다. 영국의 제2대 리턴 백작 빅터 불워리턴이 단장을 맡았다. 위키백과.

180) 이승만은 천황을 신으로 숭배하는 '미카도이즘'과 군국주의로 무장한 일본은 머지않아 태평양을 놓고 미국과 전쟁을 할 것이라고 예측하였다. 출간 초기에는 전쟁을 도발하는 책이라며 혹평을 받았으나, 출간한 해 12월에 진주만 공격이 발생하면서 이 책은 일약 예언서로 불리며 베스트셀러가 되었다.

058 8.15 해방(1945년 8월 15일)

1945년 8월 15일 해방은 해외와 국내에서 독립을 위해 투쟁을 하던 투사들의 결실이며, 독립을 위해 기도하던 기독교인들을 비롯한 온 국민에게 하늘로부터 내려온 선물이었다. 포츠담선언(Potsdam Declaration)181)을 무조건 따르겠다는 일본 천황 미치노미야 히로히토의 항복 선언이 방송을 통해 흘러나왔으나 사람들은 일본의 식민지에서 벗어났다는 것을 한동안 믿지 못했다. 그러나 해방은 와 있었고 거리에는 태극기가 물결치기 시작했다. "조선 독립만세", "축 해방", "우리 정권 수립" 등, 현수막들이 수없이 걸렸고 '만세'를 외치는 소리가 그간의 사무침을 풀기라도 하는 듯 온 땅을 덮었다. 일제의 가혹한 통치, 박해, 핍절 등 한국을 짓밟았던 불의한 것들이 모두 사라질 것이라는 기대가 한꺼번에 밀려왔다. 모두가 새로운 희망을 기대했고 원하는 나라를 건설하게 되었다는 기쁨이 가득했다. 모든 자유가 보장되고 모든 것이 순조로우리라는 것을 의심하지 않았다.182)

---

181) 포츠담선언은 나치 독일의 항복 이후에도 전쟁 수행 의지를 꺾지 않는 일본제국의 무조건 항복을 촉구하면서 독일 포츠담에서 미국 대통령 해리 S. 트루먼과 영국 총리 클레멘트 애틀리와 중화민국 주석 장제스가 1945년 7월 26일 포츠담 회담 도중 발표한 선언문이다. 이 최후 통첩문에서 연합군은 일본제국이 이 통첩의 수락을 거부했을 시 즉각적이면서도 완전한 파멸을 맞게 될 것이라고 경고했고, 결과적으로 일본제국은 히로시마·나가사키 원자폭탄 투하 사건 이후인 8월 15일에 천황 히로히토가 연합국에 항복하며, 방송으로 포츠담선언의 수용을 발표했다.

해방과 함께 풀어야 할 과제들이 갑자기 몰려들었다. 일본을 대체해야 할 지도력이 당장 절실했다. 어떤 체제를 선택하고 실현해 나갈 것인가 하는 문제도 곧바로 등장했다. 이를 주도하려고 각 정파들이 급조되었다. 선점의 경쟁과 대립, 갈등은 치열했다. 그러나 정치체제는 한국의 의지와 상관없이 결정되어 있었다.[183]

스스로의 힘으로 해방을 맞이한 것이 아니어서 카이로선언 (Cairo Declaration)[184]과 포츠담선언(Potsdam Conference)[185]을 따라야 했다. 38도선을 경계로 미군과 소련군이 진주했고 신탁통

---

182) 김명구, 『한국기독교사2』, (서울: 연세대학교출판문화원, 2020), 6.
183) 위의 책, 7.
184) 카이로선언(Cairo Declaration)은 1943년 11월 27일 미국·영국·중화민국의 3개 연합국이 이집트의 수도 카이로에 모여 발표한 공동선언이다. 5일간에 걸친 회담에는 프랭클린 D. 루스벨트, 윈스턴 처칠, 장제스 등이 대표로 참가했으며 회담 결과 발표한 선언에서 연합국은 제2차 세계대전 발발 후 최초로 일본에 대한 전략을 토의했다. 이 회담에서 연합국은 승전하더라도 자국(自國)의 영토 확장을 도모하지 않을 것이며, 일본이 제1차 세계대전 후 타국으로부터 약탈한 영토를 반환할 것을 요구했다. 특히 한국에 대해서는 앞으로 자유독립국가로 승인할 결의를 하여 처음으로 한국의 독립이 국제적으로 보장을 받았다. 카이로선언의 조항은 포츠담선언에서 재확인됐다.
185) 포츠담 회담(Potsdam Conference)은 1945년 5월 8일 독일이 항복한 뒤, 일본의 항복 문제와 전후처리 문제를 논의하기 위해 독일 베를린 교외 포츠담에서 열린 연합국의 세 번째 전시 회담이다. 1945년 7월 26일 미국 대통령 트루먼(Harry S. Truman), 영국 수상 처칠(Winston Churchill), 중국의 총통 장제스(Chiang Kai-Shek)가 포츠담선언에 서명하였고, 그 후 8월 8일 소련 공산당 서기장 스탈린(Joseph Stalin)도 대일전 참전과 동시에 이 선언에 서명하였다. 한국 문제와 관련해서는 제8항에서 '카이로선언의 조항은 이행될 것'이라고 천명함으로써, 전후 독립을 재확인하였다.

치(信託統治)를 받아야 했다. 한국의 동의와 상관없는 결정이었지만 이를 거부할 수 없었다. 민족운동을 주도하던 민족주의계가 자연스럽게 정치 정당이나 정파로 전환했고 지하로 숨어들었던 공산주의계도 뛰쳐나와 활동을 개시했다. 수많은 신생 정당들이 만들어졌고 해외에서 독립운동을 하던 그룹들이 귀국을 서둘렀다.

059 해방과 함께 귀국한 이승만

해방 전 이승만의 국내 기반은 매우 취약했다. 그가 일제 말기 지식인을 중심으로 좌파 인물들에게까지 알려지게 된 것은 1940년대의 단파 방송 사건이었다. 이승만은 미국이 개국한 〈미국의 소리〉(VOA: Voice of America)에 출연해 반일 활동에 나설 것을 촉구하는 등의 활동을 하였다. 1942년 경성방송국에 근무하던 한국인 직원들을 통해서 미국의 소리 방송 내용이 국내의 지식인들에게 알려졌고, 이 과정에서 여운형, 허헌 등의 좌파인사들에게도 그 내용이 전해지면서 이승만에 대한 기대가 상승했다.[186]

이승만은 1945년 8월 14일 밤 11시(미국 시간) 워싱턴의 자택에서 라디오를 통해 일본의 항복 소식을 들었다. 이승만은 조국이 민족주의자와 공산당의 갈등으로 인해 갈라지게 될 것을 우려하며 귀국을 서둘렀다.

이승만이 부상하게 된 것은 자신의 노력이 컸지만, 미군정의 맥

---

186) 임영태, "다시보는 해방전후사 이야기 15", 통일뉴스, 2020. 8. 10.

아더와 하지의 적극적인 후원도 큰 역할을 하였다. 맥아더는 하지를 도쿄로 불러 이승만과 만나게 했고, 이승만을 조선의 '영웅'으로 소개했다. 미군정 사령관 하지는 이승만을 정중히 대우했다. 하지는 이승만의 귀국 다음날인 10월 17일 신문기자들을 배석시킨 가운데 이승만을 진정한 애국자로 소개했다. 10월 20일에 개최된 연합군 환영회에서 하지는 이승만을 "조선 사람의 위대한 지도자"로 소개했다. 이후 하지는 이승만의 전면적인 정치적 지지 기반이 되었다.187)

그때 북은 소련군이, 남은 미군이 점령한 상태였고, 한국인 정치 지도자들은 분파를 이루어 권력 투쟁을 벌이고 있었다. 여운형은 8월 15일에 '건국준비위원회'를 조직해 전국적으로 조직망을 형성하였고, 박헌영이 재건한 공산당은 9월 16일에 '조선인민공화국'을 선포하였고, 이승만을 주석으로 추대했다. 또 다른 한편으로는 우익의 송진우, 김성수 등은 9월 16일에 '한국민주당'을 결성하고 이승만을 영수로 추대했다.

060 이승만, 김구, 김규식과 기독교 입국

해방과 함께 이승만, 김구, 김규식이 돌아왔을 때 한국교회도 이들을 영수(領袖)라 칭하며 환대했다. 한국교회는 이들이 기독교 나라를 만들 것이라 믿었다. 이에 부응하듯 세 사람 모두 '기독교

---

187) 정병준, 『우남 이승만 연구』, (역사비평사, 2013), 456-459.

입국'을 외쳤다. 1945년 11월 28일, 서울 정동감리교회에서 김관식 목사를 비롯해 장로교의 함태영, 김영주, 김춘배, 감리교의 강태희, 김영섭, 심명섭 목사 등이 주도하는 '전조선기독교대회'가 열렸다. 이때 '임시정부 영수 환영대회'가 함께 있었다. 이승만, 김규식, 김구는 기독교적 새로운 국가를 만들어야 한다면서 교회의 동참을 요청했다. 세 사람의 신학적 입장을 살펴보자.[188]

김구는 민족주의자였고, 그에게 있어 기독교는 민족을 위한 도구였다. 1948년 4월 19일, 김구가 남북협상을 위해 경교장을 나서려 할 때, 월남한 황해도민들, 강원용이 이끄는 청년단체, 김구가 출석하고 있던 남대문교회 교인들, 서북청년단원들, 백낙준의 부인인 YWCA의 최이권과 이화여자대학의 최이순 등 수백 명이 결사적으로 반대했다. 김구와 같이 옥고를 치렀던 도인권 목사도 공산주의자와의 협상이 불가하다며 말렸다.

그런데도 김구는 김규식과 함께 평양으로 향했다. 민족적 접근을 시도한 김구는 공산주의의 잔혹성을 애써 모른척했고, 평양에서 북한의 막강한 군사력에 압도되어 북한에 의한 남한의 사회주의화도 수용한 듯하다. 그는 기독교를 외쳤지만, 그의 내면에는 민족이 우선이었고 구원, 은총 등 구령의 영역에 대한 고민은 없었다. 기독교 복음이 강조하는 예수에 대한 복음도 보이지 않았다. 그에게 기독교의 복음은 민족을 위한 도구였을 뿐이다.[189]

---

188) 김명구, 『한국기독교사2』, 53.

김규식은 국가 구원을 지향했기 때문에 사회주의와도 협력이 가능하다고 여겼다. 그는 언더우드(Horace G. Underwood)와 선교사들의 총애와 기대를 한몸에 받았고, 새문안교회 내의 위치도 확고했다. 언더우드의 도움으로 미국 로노크대학(Roanoke College)을 2등으로 졸업하고 1904년 한국으로 돌아와 YMCA 교사와 이사로 일하며 언더우드 곁을 지키던 중 1913년 상하이로 떠나 32년 동안 독립운동의 길로 나섰다. 1946년 2월까지만 하더라도 미국무부는 연합국인 소련과의 협력과 협조를 정책으로 삼았다.

미군정은 이승만과 김구를 일시적으로 은퇴시키고 김규식과 서재필에게 향후 소련과 적극적으로 협상할 것을 요청했다. 그러나 한국교회는 좌우합작을 원하지 않았다. 한국교회가 김규식 등을 선호하지 않았던 이유이다. 김규식은 1946년에는 여운형과 함께 좌우합작운동에 앞장섰고, 1948년 남한의 단독 총선거에 반대하여 김구와 함께 북한으로 건너가 남북협상을 시도하였으나 실패하자 정계를 떠났다.190)

이승만은 개인 구원과 국가 구원을 동일시했기 때문에 유물론적 사회주의와는 태생적으로 함께할 수 없었다. 이승만이 귀국했을 때, 정쟁(政爭)이 잠시 멈추었다. 각 정파는 그가 건국과 통일 정부 수립이라는 민족의 여망을 이룰 수 있다고 보았다. 민족주의계

---

189) 위의 책, 57-60.
190) 위의 책, 60-63.

정파들이 그를 영수로 추대하고 있었고, 좌익계도 이승만을 인정하고 있었다. 신익희 등 상해 임시정부계도 이승만 이외에 적임자가 없다고 보았다. 한국 천주교회까지도 이승만을 선택했고 박헌영도 그를 주석으로 추대했다. 미군정이 미 국무부에 이승만의 조속한 귀국을 종용했던 이유이다. 한국교회도 이승만을 선택했다. 이승만이 남한의 단독정부를 주장했을 때도 지지를 보냈다. 이승만이 한국교회의 신앙과 고난을 공유했기 때문이다. 김구나 김규식과 다른 이해였다. 이승만에게 기독교는 구령과 구국의 창구이고 사상이었다.191)

061 이승만의 정치세력 통합운동과 반탁운동

해방 직후 한반도의 운명이 미·소 양국에 의해 좌우되고 있는 상황에서, 이승만은 건국 작업을 추진했다. 1단계는 정치세력 통합 작업이었다. 이승만은 1945년 10월 17일에 기자회견과 라디오 방송 연설을 통해 민족의 대동단결과 자주독립, 새로운 국가 건설을 역설했다. 그 후 10월 23일 조선호텔에서 한민당, 공산당, 국민당 등 65개 정당 및 사회단체의 대표자 200여 명이 모인 자리에서 사상과 감정의 차이를 초월해 모두가 하나로 뭉칠 것을 호소했다.

이승만의 정치세력 통합노력은 박헌영이 주도하던 남로당의 비

191) 위의 책, 63-65.

협조적인 태도로 더 진전되지 못했다. 애초부터 기독교의 나라를 세우려고 했던 이승만과 유물론의 체제를 원했던 박헌영192)은 합쳐질 수 없었다. 결국 이승만은 남로당이 자기에게 준 주석직을 거절하며 공산당과의 관계를 단절했고 공산당도 이승만과의 관계를 단절했다. 상황이 이렇게 되자 공산당뿐만 아니라 여운형의 인민당과 안재홍의 국민당 역시 이승만과의 관계에서 이탈해 나갔다.

1945년 12월 28일 모스크바협정193)이 국내에 보도되자, 이승만은 김구194)와 힘을 합쳐 신탁통치반대운동(信託統治反對運動)195)

---

192) 박헌영(朴憲永, 1900년 5월 28일-1956년 7월 19일)은 일제강점기에 조선일보, 동아일보의 기자생활과 일제강점기 당시 일본 제국주의에 대한 반대 운동, 공산주의 운동, 반기독교 운동, 공산당 창당 운동 등을 하였다. 이승만이 미국에서 귀국하여 독립촉성중앙협의회를 창설하자 10월 23일 조선공산당을 이끌고 이에 참여하였으나 11월 16일 이승만과의 연합을 포기하게 된다. 해방 뒤에는 좌파 진영의 거두로 조선공산당과 민족주의 민주 전선을 이끌었다. 1946년 조선공산당 위폐사건을 계기로 좌익세력에 대한 탄압국면이 전개되면서 미군정이 박헌영 등 공산당 핵심간부에 대한 검거를 감행하려 하자, 9월 5일 관 속에 누워 영구차 행렬로 자신들을 위장, 북한으로 탈출했다. 1948년 남북협상 이후 북조선에 잔류하여 북조선 단독정부 수립에 참여했다. 그 뒤 조선로동당 부위원장, 부총리 겸 외무상 등을 역임하였으나 미제 간첩 혐의를 받고 복역 중 처형당했다.

193) 전쟁이 끝난 이후 1945년 12월 미국·영국·소련은 모스크바에서 외무장관 회의를 개최하기로 합의했다. 그리해 미국의 제임스 번즈, 영국의 어니스트 베빈, 소련의 뱌체슬라프 몰로토프가 만나 1945년 12월 16일부터 26일까지의 회의 후 12월 27일 제2차 세계대전의 종전 이후 문제들과 관련한 선언을 발표했다.

194) 김구는 일제강점기 독립운동가이다. 1876년(고종 13)에 태어나 1949년에 사망했다. 젊은 시절 항일투쟁 중에 두 차례 투옥, 동학 입교, 출가,

을 전개해나갔다. 특히 이승만은 영남과 호남지역을 순회하면서
반탁운동을 전개해나갔는데, 이때 그는 탁월하고 논리적인 웅변으
로 카리스마적 명성을 구축할 수 있었다. 그 과정에서 이승만은 우
익세력의 조직을 전국적으로 조직하고 확장해 좌익세력을 압도하
게 되었다.

　미군정과 대결을 불사하고자 했던 김구와는 달리 미군정과는 물
리적 마찰을 가급적 피하고 협조하는 태도를 보인 이승만은 건국
을 위한 준비로 치열한 권력투쟁에서 미군정의 지지, 강력한 대중
조직, 정치자금을 확보해나가면서 우익 진영의 최고지도자로서의
위상을 굳혔다.

　　기독교 입교 등 분주하게 살았다. 3·1운동 직후 상해로 망명하여 대한
　민국 임시정부 초대경무국장·내무총장·국무령을 역임했고, 1931년 한인
　애국단을 조직하여 이봉창과 윤봉길의 의거를 주도하고 항일 무력투쟁
　을 전개했다. 임시정부 주석으로 재임하다 환국한 후 민족 통일정부 수
　립에 전념하다가 1949년 육군 소위 안두희에게 암살당했다. 이승만과
　는 독립운동 과정에서 줄곧 협력적 관계였다. 해방 이후 추종자들에 의
　해 정치적 라이벌 관계로 부각됐다.

195) 반탁운동은 1945년 12월 모스크바 3국 외상회의의 한국 관련 결정 사
　항을 신탁통치로 규정하여 일어난 우익세력의 반대 운동이다. 1945년
　신탁통치반대운동은 해방정국 최대의 분수령 가운데 하나였다. 이 운동
　을 계기로 좌익세력과 우익세력 간의 대결 구도가 확고하게 형성되었
　고 이후 해방 공간의 정치 구도를 기본적으로 결정지은 것이었다. 우익
　세력이 비상국민회의를 결성한 다음 민주의원으로 연결되는 조직적 행
　보를 보였다면 좌익세력은 민주주의 민족전선을 결성하여 자신들만의
　통일전선을 형성하게 됨으로써 좌우 대립 구도는 조직적 분립으로까지
　연결되었다. 이 운동을 계기로 좌익보다 열세를 면치 못하고 있던 우익
　세력이 확고한 자기 기반을 마련하는 계기가 되었다.

3) 하나님이 세운 나라

062 이승만의 남한 자율정부 수립(1948)

1946년 6월 3일 남쪽 지역 순행의 일환으로 정읍에 와서 정읍선언196)을 했다. 이승만은 "이제 우리는 무기 휴회된 공위가 재개될 기색도 보이지 않으며 통일 정부는 고대하나 여의케 되지 않으니 우리는 남방만이라도 임시정부 혹은 위원회와 같은 것을 조직해 38 이북에서 소련이 철퇴 하도록 세계 공론에 호소해야 도리이다."라는 내용의 남한 단독정부 수립론을 제기했다.

38선 이북에서는 이미 1946년 2월에 단독정권이 수립되어 '민주개혁'이라는 이름으로 급진적 개혁 작업이 추진되었고, 1차 미소공동위원회가 열렸을 때, 소련의 무성의로 아무런 성과 없이 끝났기 때문에 남한에 정부를 빨리 수립하지 않으면 남한마저 공산화될 가능성이 크다고 우려했기 때문이다.

이승만은 맥아더 장군의 도움으로 미국에 건너가 언론매체들을 상대로 미국무성을 비난하고, 공산주의를 몰아내야 한다고 역설하

---

196) 정읍선언: 좌익 중심의 찬탁 운동과 우익 중심 반탁운동의 대결이 극심해지는 가운데 1946년 6월 3일, 이승만은 각지를 순회하는 도중 정읍에서 "이제 우리는 무기 휴회된 공위가 재개될 기색도 보이지 않으며, 통일 정부를 고대하나 여의케 되지 않으니, 우리는 남방만이라도 임시정부, 혹은 위원회 같은 것을 조직하여 38 이북에서 소련을 철퇴 하도록 세계 공론에 호소하여야 될 것이다."라는 선언을 했다.

였는데, 그 결과 미국 정계 및 언론계에서 한국 문제에 관해 관심이 있던 사람들은 미국의 정책에 변화가 필요함을 느끼게 되었다.

귀국한 이승만은 김구와 함께 반탁운동을 전개해나가면서도 김구와는 별도로 총선거를 통한 남한 정부 수립 운동을 독자적으로 펼쳤다. '트루먼 독트린'197)이 발표된 이후 본격화된 미소 냉전의 배경으로 인해 미국은 한국 문제를 유엔총회에 회부하였고, 유엔은 11월 14일 남북한 인구비례에 의한 총선거를 하기로 결의했다. 그러나 북한측은 유엔위원단의 북한 방문 요청을 거절했다. 유엔 소총회는 선거가 가능한 지역, 즉 총선거를 남한에서 하기로 결의하였고, 그 일은 그대로 진행되었다.

이 과정에서 김구 및 김규식과 같은 중도 및 좌익세력은 선거에 불참하였고, 남북협상을 추진하는 운동을 전개해나갔다. 특히 좌익세력은 격렬한 선거방해 및 폭력투쟁을 전개해나갔지만, 남한에서 선거가 진행되었고, 이승만과 그 지지자들이 당선되었다.

063 이승만의 대한민국 건국과 헌법제정(1948년)

제2차 세계대전이 일본의 패망으로 끝나고 미국과 소련의 양

---

197) '트루먼 독트린'(Truman Doctrine)은 1947년 3월 미국 대통령 해리 S. 트루먼이 의회에서 선언한 미국 외교정책에 관한 원칙으로서 그 내용은 공산주의 확대를 저지하기 위하여 자유와 독립의 유지에 노력하며, 소수의 정부 지배를 거부하는 의사를 가진 세계 여러 나라에 대하여 군사적·경제적 원조를 제공한다는 것이었다.

연합군이 한반도에 진주하게 되었다. 이후 북위 38도를 기준으로 북쪽에는 소련군이, 남쪽에는 미군이 군정을 실시하게 되었다. 한반도의 장래 문제는 모스크바 3상 회의와 미소공동위원회를 거치면서 임시정부를 수립하고 5년간의 신탁통치를 통해 완전한 독립을 도모하기로 한 안이 나오게 되었지만, 한국인들의 강한 반대에 직면하게 되었다. 1948년 2월 27일, UN 총회에서는 총선거를 실시하되, 가능한 지역 내에서만 실시할 것을 결의하였다.

1948년 5월 10일, 대한민국 최초의 국회의원 선거가 실시되어 198명의 의원으로 구성된 제헌 국회가 구성되었다. 제헌 국회는 초대 국회의장에 이승만, 부의장에 신익희를 각각 선출하여 대한민국 정부 수립을 위한 활동을 개시하였다.

동년 6월 1일, 소집된 제2차 국회 본회의를 열어 헌법 및 정부조직법 기초위원과 국회법 기초위원을 선임하기 위한 전형위원[2]을 선출하였고, 이들 전형위원으로 하여금 기초위원 30인을 선출케 하였다. 제헌 국회는 헌법기초위원회를 조직하여 유진오의 안을 원안으로 권승렬의 안을 참고안으로 하여 헌법 초안을 작성하였다. 당초에 내각책임제로 기초하였던 헌법안을 이승만 의장의 의도에 따라 대통령제로 기초 완료하였고, 이 헌법안이 6월 23일 본회의에 상정·통과되어 7월 17일 이승만 의장이 서명·공포함으로써 대한민국 제헌 헌법이 발효되었다. 새로 탄생하는 정부가 1919년 한성임시정부의 법통을 계승하였음을 강조했다. 국회는 개원식

에 이어 헌법제정 작업에 착수했고, 대통령제와 의원내각제 사이
에서 팽팽한 줄다리기가 있었으나 결국은 대통령 중심제의 정부
형태가 관철되었다.

국호는 대한민국, 정부 형태는 대통령 중심제, 국회는 단원제,
그리고 농지개혁과 의무교육의 시행을 기약하는 헌법이 7월 17일
국회에서 통과·선포되었다. 7월 20일 국회에서 정·부통령 선거를
실시한 결과 이승만이 대통령에 당선되었다. 그는 광복군 지도자
였던 이범석을 국무총리로 하는 초대내각을 구성하고, 해방 3주년
이 되는 1948년 8월 15일 대한민국 정부 수립을 대내외에 선포했
다.

4) 민주주의의 기초 수립

064 대한민국이 민주주의를 도입하다

서구에서는 몇백 년에 걸쳐 확립된 민주주의 정치체제가 대한민
국에서는 1948년 일거에 도입되었다. 그래서 한국 민주주의의 기
반은 매우 취약했다. 35년에 걸친 일본의 식민지 지배로 인해 한
국인은 주권자로서의 자유와 권리를 행사하고 의무를 이행할 수
없었다. 해방 후 한국인들은 민주주의가 무엇인지, 국민 국가가 무
엇인지, 시민의 권리와 의무는 무엇인지 모른 채 나라를 만들어야
했다.

대한민국이 출범하기까지 좌익과의 폭력투쟁이 끊임없이 이어졌고, 그 과정에서 국민의 기본권과 자유가 침해되었다. 이렇게 대한민국 민주주의는 불완전한 상태로 출발했다. 1948년 5월 10일, 한반도 사상 최초로 국민이 주권을 행사하는 보통선거가 치러졌다. 등록 유권자의 95.5%라는 놀라운 투표율은 새 민주국가 건설에 대한 국민의 강한 열망을 말해준다. 198명의 제헌의원으로 구성된 국회는 같은 해 7월 17일, 대한민국 헌법을 공포했다. 그리고 8월 15일, 정부 수립 선포로 민주주의 제도를 전면 도입하며 대한민국이 출범했다.

대통령 이승만은 꾸준히 미국식 민주주의를 추진했다. 그것은 '자유민주주의 체제'를 의미했다. 1948년 헌법기초위원회에서 마련한 내각제 헌법 초안을 대통령 중심제로 바꾸었고, 52년 1차 개헌으로 직선제를, 1954년 2차 개헌으로 국무 총리제를 폐지했다. 동아시아에서 유일하게 '미국식 대통령제'를 도입한 국가가 된 것이다. 그것은 미국식 정치제도가 기독교 바탕 아래 만들어졌다고 보았기 때문이다.

많은 진보적 사학자들은 이 과정을 '독재화'로 보지만, 이승만은 미국식 체제를 통해 자유민주주의 국가를 만들려 했고 기독교가 중심이 되는 나라를 만들려 했다. 이승만이 자유당을 앞세워 권위주의적인 정치를 했던 것은 사실이지만, 근원적으로 그는 자유민주주의 체제의 초석을 놓았다.

민주주의에 대한 정의는 정치학계에서도 이견이 많으나 한국은 건국에서부터 영미식 민주주의, 곧 자유민주주의 체제를 채택했다. 자유민주주의는 개인의 자유를 소중히 여긴다. 동시에 공적 정의에 의해 사회가 움직이기를 기대한다. 하나님과의 개인적 소통과 교회를 통한 공동체적 검증의 구조에서 비롯된 것이다.

자유민주주의는 '정기적인 선거와 선거를 통한 정권 창출의 가능성, 그리고 비판적 언론의 존재'가 중요하다. 기독교적 세계관을 꿈꾸었던 이승만은 정기적으로 민주적 선거를 치르는 '관행'을 정착시키는 데 크게 기여했다. 한국전쟁 중에도 전국에서 선거를 치렀으며 최초의 지방자치제 도입이라는 쾌거를 이뤄냈다(1952년).

5) 이승만과 6.25

"6.25 발발 당시 김포에서 목회하시던 아버님은 11살이었던 나에게 '나는 여기 남아 있어야 하니, 너는 대전에 있는 친구 목사님 교회를 찾아가라'라고 하셨어요. 나는 피난민들과 함께 김포를 떠난 49일 만에 대전에 도착해서 아버님 친구를 찾아 갔더니, 한 분이 '목사님은 부산으로 가셨으니, 나와 함께 부산으로 가자'라고 해서 그분과 부산 초량교회로 갔지요. 교회에 피난민들이 엄청나게 많았습니다. 어느날 새벽 '대통령 할아버지 오셨다'라는 소리에 예배당으로 나갔더니, 이승만 대통령이 예배당에서 '국민 여러분! 고생이 많습니다. 맥아더 사령관에게서 연락이 왔어요. 비행기로 낙동강 지역 적들을 폭격해야 하는데, 장마철이라 비가 많이 와서 불가능하답니다. 우리 함께 비 그치게 해 달라고 기도합시다'라고 하시드라고요. 나는 대통령과 피난민들과 3일 동안 금식하면서 기도했습니다. 세상에 그런 대통령이 어디 있겠어요? 3일이 지나서 비가 그치고 하늘이 청명해졌어요. 다음날 대통령께서 '적군이 낙동강 전선에서 미군의 폭격으로 물러가기 시작했다는 소식입니다. 여러분 수고하셨습니다.'라고 하시고 교회를 떠나셨어요."198)

065 6.25 발발과 이승만의 미국 참전요청

1950년 6월 25일 일요일 새벽 4시 북한 인민군이 38선 전역에서 맹렬한 포격을 가한 후 240여 대의 탱크를 앞세우고 남침을 했다. 하지만 당시 이승만은 북한의 남침 사실을 모르고 있었다. 남침 이후 이승만 대통령의 신변은 안전하지 못했다. 적의 공습, 불순불자의 테러, 형무소에 수감된 죄수들의 탈옥과 폭동의 가능성, 적 전차의 위협 등이 있었다. 그럼에도 이승만은 자신의 안위는 아랑곳하지 않고 대한민국의 운명이 걸린 국가 중대사를 차근차근 처리해 나갔다.

남침 6시간 후인 10시에야 보고를 받은 이승만 대통령은 북한의 남침이 전면전인 것을 알고, 대한민국의 자력으로는 이 사태를

---

198) 2024년 3월 25일 강북 예미향교회에서 성결교단 원로목사 모임인 '성결포럼'에서 힌돌교회 원로목사 회장이신 이봉준 목사님(86세)께서 설교 중 증언한 내용.

해결할 수 없다고 판단했다. 미국과 국제사회, 즉 유엔의 지원이 필요하다는 것을 알았다. 이승만 대통령은 주한 미국 대사 무초(John J. Muccio)와 주미 한국 대사관을 통해 전시 대미(對美) 및 대유엔 외교를 펼쳤다.

이승만 대통령은 6월 25일 10시 30분에 무초 대사에게 "미군이 즉시 개입해서 지원해야 합니다. 무기도 주고, 전차도 주고, 장갑차도 주고, 전투기도 주고, 다 줘야 합니다. 하지만 미군이 우리를 설령 돕지 않더라도 우리 대한의 한국인들은 어린아이들부터 아낙네들까지 돌멩이랑 밭 가는 쟁기까지 끌고 나와서 마지막 한 사람이 죽을 때까지 최후 항전할 것입니다."라고 알렸고, 무초 대사는 즉시 애치슨 국무장관과 맥아더 장군에게 이 사실을 알리고 미국의 도움을 요청했다.

이승만 대통령은 무초 대사에 이어 26일 새벽에는 맥아더 장군에게 전화해서 미국의 참전을 요청하자 맥아더는 한국 공군에 무스탕 전투기를 10대 지원할 것을 약속했다. 이승만은 27일에도 미 대사관을 통해 트루먼 대통령에게 참전을 요청했다. 그리고 국회의 메시지를 통해 대한민국에 대한 지원을 요청하며 호소했다. 29일 트루먼 대통령이 참전을 결정하고, 유엔안보리가 움직였다.[199)]

---

199) 이승만대통령기념사업회,
　　http://www.syngmanrhee.or.kr/bbs/board.php?bo_table=3050&wr_id
　　=14.

066 한강교 폭파의 진실

6월 27일 새벽 3시 30분, 이승만은 특별열차로 남하하기 시작한다. 이는 국가 수호를 위한 불가피한 조치였다. 그날 밤에 무초 미국 대사가 이승만을 찾아와 "미국이 전쟁에 개입하기로 했다."라는 트루먼 대통령의 입장을 전달했다. 이 말에 힘을 얻은 이승만은 국민을 안심시키고 국군의 사기를 북돋우는 방송을 해야겠다고 생각했다. 공보처장과 상의한 후 서울 중앙방송국으로 전화를 해 6월 27일 밤 10시에 방송을 하기로 했다. 내용은 "유엔과 미국이 우리를 도와 싸우기로 했다. 지금 공중과 해상으로 무기, 군수품을 날라와 우리를 돕기 시작했으니 국민은 고생이 되더라도 굳게 참고 있으면 적을 물리칠 수 있으니 안심하라."라는 취지였다.

방송이 나가고 4~5시간이 지난 후 한강 인도교는 전쟁 작전 계획에 의하여 폭파되었다. 한강 인도교 폭파는 이승만의 지시가 아니었다. 국군 수뇌부가 서울이 함락될 위기에 처하자 27일 새벽 2시경 신성모 총리, 조병옥 내무부 장관, 이기붕 서울시장, 이범석 국방장관 등이 참석한 비상회의가 열리고, 이범석 장관은 계획대로 한강 인도교를 폭파해야 한다고 주장했다.[200] 최종 한강교 폭파를 명령했던 채병덕 육군 참모 총장은 6.25전쟁 중에 전사했다. 이 사건에 대한 비판 여론이 들끓자 이승만 정부는 실제로 폭파를

---

200) 해롤드 노블, 『戰火속의 대사관』, 박실 역, 40.

지휘했던 최창식 공병감을 처형했다. 1962년 재심에서 폭파 명령의 책임은 채병덕에게 있는 것으로 결론이 내려졌지만, 최창식의 고문이었던 미군 크로포드 소령은 당시 폭파 명령을 내린 것은 대한민국 육군참모총장의 고문으로 있던 미군 장교라고 증언했다.

이승만 대통령의 방송 직후에 한강 인도교가 폭파됨으로 온갖 유언비어가 퍼졌다. '이승만이 혼자서 도망쳐놓고 국민에게 거짓말로 방송했다, 본인이 살기 위해 국민을 인질로 잡히게 했다, 대통령이 건너자마자 한강 다리를 끊었다.' 등등의 왜곡이다.

067 한강교 폭파의 결과

1950년 6월 28일 새벽 2시 30분, 한강교가 폭파되자 북한군 전차는 더이상 전진할 수 없었다. 이로 인해 북한군은 서울 시내에서 3일간의 귀중한 시간을 허비하게 되었다. 반대로 국군은 한강 이남에서 방어선을 형성할 수 있는 시간적 여유를 갖게 됐다. 국군은 한강선을 방어하기 위해 시흥지구전투사령부(始興地區戰鬪司令部)를 설치하여 김홍일(金弘壹) 장군을 사령관으로 임명하고, 한강 방어 임무를 수행하도록 했다.[201]

한강교 폭파는 수백 명의 무고한 시민의 희생과 군의 피해가 있었지만, 전쟁의 전체국면에 미친 영향은 대단히 컸다. 한강교 폭파

---

201) 국방부, 『한국전쟁사: 북괴의 남침과 서전기』 제1권(개정판), 710.

로 인해 국군은 북한군의 한강도하를 막을 수 있었고, 가장 위협적인 무기였던 북한군 전차를 저지할 수 있게 됐다. 이에 따라 국군은 시간적 여유를 갖고 한강 방어선을 형성했다. 바로 그 한강 방어선을 미 극동군 사령관 맥아더 원수가 시찰했다. 방어선을 둘러본 맥아더는 지상군의 투입만이 사태를 해결할 수 있다고 미국의 대통령에게 건의했다.

유엔 안전보장이사회에서 한국에 대한 지원을 결의하고, 유엔군을 파병하기로 했으나, 만약 국군이 그때 한강 방어선을 형성하지 못하고 그대로 무너졌다면 유엔안보리의 결의는 무위로 끝났을 것이다. 그래서 미국과 유엔회원국이 한국을 지원할 수 없게 되었다면, 대한민국은 이 지구상에서 사라졌을 공산이 매우 컸다. 한강교 폭파는 대한민국을 살리고 미국과 유엔의 참전에 결정적으로 기여했다.

068 이승만과 맥아더

초대유엔군 사령관 맥아더 원수와 이승만 대통령과의 인연은 일찍부터 시작됐다. 이승만은 맥아더가 소령 때부터 알고 있었고, 그런 인연이 계속돼 8·15광복 후 이승만은 주일연합군 사령관으로 있던 맥아더의 조치로 서울에 올 수 있었다. 이때 맥아더 원수는 남한점령군 사령관 하지 장군에게 이승만을 소개하기도 했다.

1950년 초 맥아더의 초청으로 이승만이 다시 일본을 방문했을 때, 맥아더는 유사시 "캘리포니아를 방위하듯 대한민국을 방위하겠다."라며 이승만에게 약속했다. 맥아더는 6·25가 발발하자 그 약속을 지켰다. 맥아더는 악천후와 제공권을 장악한 북한공군의 위협 속에 1950년 6월 29일 한국의 상황을 직접 파악하기 위해 수원비행장으로 달려와 이승만 대통령과 요담한 후 한강 방어선을 시찰했다. 그리고 워싱턴에 "현재의 사태를 해결하기 위해서는 미 해·공군 외에도 미 지상군이 파견되어야 한다."라고 건의했다. 그렇게 해서 미국은 미 지상군을 한국 전선에 파병했다. 맥아더가 아니면 그 누구도 할 수 없는 일이었다.

인천상륙작전의 성공은 맥아더를 군신(軍神)으로 추앙케 하는 데 부족함이 없었다. 북진으로 이어진 통일의 문턱에서 맥아더와 이승만의 통일의 꿈은 무산됐다. 중공군의 개입 때문이었다. 이후 맥아더의 중국본토로의 확전 발언은 결국 트루먼[202] 대통령으로 하여금 그를 해임케 했다. 이승만은 맥아더의 해임에 경악했다. "워싱턴은 한국 전선의 기둥을 뽑아가 버렸다."라며 개탄했다. 맥아더의 해임 이후 전쟁의 양상은 휴전협상에 의한 종결이었다. 그

---

202) 해리 S. 트루먼 대통령은 이승만(李承晚) 초대(初代) 대통령과 함께 남북한에 걸쳐 사는 대한민국 2500만 국민의 생존과 삶에 가장 큰 영향을 끼친 사람이다. 그는 1945년 8월 히로시마와 나가사키 원폭(原爆) 투하를 결단, 한민족(韓民族)을 해방시켰고, 2년 뒤엔 소련의 팽창에 대응한 트루먼 독트린 선포로 반공노선을 분명히 했다. 1948년에는 대한민국 건국에 유엔이 산파 역할을 하도록 했다. 그 2년 뒤 북한군 남침 때는 즉석에서 미군 파병을 결단했으며, 그해 가을 중공군의 남침으로 유엔군이 총퇴각할 때 한국 사수(死守) 정책을 고수했다.

에 따라 이승만이 그토록 바랬던 북진통일은 무산되었다.

069 목사님들 나라를 위해 기도해주세요(1950. 8. 16.)

전쟁 초기 대구와 경남 일부 지역을 제외한 전(全) 국토가 공산당의 수중에 들어갔다. 당시 경남지사였던 초량교회의 양성봉 장로203)는 피난민 중 250여 명의 목사를 초량교회에서 거처할 수 있도록 주선했고, 전국의 목회자와 장로들은 초량교회 한상동 목사를 중심으로 구국 집회를 시작했다. 초량교회에서 회개의 기도운동이 시작된 지 7일 만에 인천상륙작전이 이루어졌다. 이때 이승만 대통령이 초량교회의 피난 목사들에게 "북한이 낙동강까지 내려왔습니다. 맥아더가 비행기를 보내서 북한군 주력을 폭격하기로 약속했습니다. 지금은 우기라, 비가 내리면 비행기가 뜨지 못합니다. 비가 오지 않도록 목사님들이 기도를 해주십시오." 목사들이 이승만 대통령의 호소를 듣고 초량교회에 모여서 철야금식기도를 하면서 하나님께 부르짖었다.

초량교회에서 밤낮없는 회개 기도가 있은 지 3일 후 1950년 9월 15일, 성공 확률이 5000분의 1도 되지 않는다는 인천상륙작전이 성공하게 되었다. '독 안에 든 쥐'가 된 공산군은 낙동강 전선에서 혼비백산하여 퇴각하기 시작하면서 전세는 역전되고, 이로써

---

203) 당시 경남 도지사.

89일간 공산군 치하에 있던 서울은 9월 28일에 다시 자유를 찾게 되었다.

당시 맥아더 장군은 서울을 수복하고 난 다음 날인 9월 29일, 12시 수도 서울의 환도식(還都式)에서 이승만 대통령에게 이렇게 말했다. "대한민국 수도 서울을 이승만 대통령 각하가 영도하는 대한민국 정부에 돌려드립니다. 오늘의 승리는 오로지 하나님의 도우심이 없었다면 불가능했을 것입니다. 이제 서울 시민들은 공산군의 압제에서 해방되어 자유와 인권을 되찾게 되었습니다."

이승만 대통령도 맥아더 장군의 손을 잡으며, "대한민국을 되찾게 도와주신 하나님께 감사드린다."라며 감격의 눈물을 흘렸다.204)

070 6.25전쟁 중 미군의 일본군 국내 주둔 계획을 거부하다

1951년 1월 4일에 국군과 유엔군이 중공군의 개입으로 후퇴를 하게 되자, 미군 수뇌부는 유엔군에 일본군을 비롯한 대만군의 편입 가능성을 진지하게 검토했다. 그런데 이승만 대통령이 이를 알게 되었고, 대노했다. 1951년 1월 12일에 이승만 대통령은 미군 수뇌부에게 "만일 일본군이 참전한다면 국군의 총부리를 일본군에게 돌려 일본군부터 격퇴한 다음에 공산군과 싸울 것이다."라며 완강하게 반대했다. 또한 자유중국군 장개석의 지원에 대해서도 "한국 전선에 일본군을 끌어들일 명분을 주지 않기 위한 것"이라

204) 김재동, 『한국 근현대사 바로 알기』, (복의근원, 2018), 134.

며 강력하게 반대했다. 이승만 대통령의 이러한 우려는 과거 한반
도에서 일어났던 사건에서 나온 것이었다. 과거 조선의 조정이 동
학농민운동의 진압을 위해 청나라군을 끌어들였다가, 청나라군의
개입을 명분으로 일본군이 톈진조약에 근거하여 개입하였던 사례
가 있었기 때문이다.

이승만 대통령은 국내에 청나라군과 일본군을 끌어들인 그 일을
계기로 한반도에서는 결국 청일전쟁이 일어나게 되었고, 그 결과
로 일본군이 승리하여 우리나라를 식민지화하는 결정적 계기가 되
었다는 것을 인지하고 있었다. 그런 이유에서 이승만 대통령은 중
국군에 의해 밀리는 상황에서도 일본군과 대만군의 개입을 강력하
게 반대했고, 결국 미군도 이 계획을 포기했다.

071 독도를 지키는 평화선, '이승만 라인'의 선포(1951년)

1945년 8월 일본이 패망하면서 연합군은 일본의 항복을 받고
도쿄에 연합군 최고사령부를 설치한다. 이로써 한반도는 미군정의
통치 아래에 놓이게 된 것이다.

연합군사령부는 연합군 최고사령관 각서 677호를 발령했다. 이
는 일본 행정구역에서 한반도와 그 부속도서를 분리한 것이다. 여
기에는 독도도 포함되었다. 그리고 연합군 최고사령관 각서 1033
호에 따라 일본 선박의 독도 인근 해역 출입을 금지했다.

1951년 9월 샌프란시스코 강화조약이 서명됐고, 1952년 4월

28일부터 일본의 주권이 회복됐다. 따라서 연합군 최고사령관 각서 1033호는 강화조약의 발효로 무효화 될 예정이었다. 게다가 우리나라는 6.25 전쟁을 치르고 있었다. 이에 일본 어민들이 독도 인근 해역에 자주 출몰했다.

샌프란시스코 강화조약의 서명은 1951년 9월이었지만, 이듬해 4월 발효될 예정이었다. 이대로 가면 독도를 일본에 빼앗길 수도 있다고 판단한 이승만 대통령은 그해 1월 18일 평화선을 선포한 것이다. 당시 국제법상 영해 기준이 3해리였지만, 이승만은 '60해리'를 안전선으로 선포했다. 60해리는 대략 110km가 넘는다. 울릉도에서 독도까지가 80km 정도 거리인 점을 고려하면 이승만 대통령이 60해리로 선포한 것은 독도를 염두에 둔 것이다.

일본은 물론 미국도 받아들일 수 없다면서 2월 12일 이승만 대통령에게 평화선을 인정할 수 없다고 통보했지만, 이승만 대통령은 무시했다. 그러면서 이승만 라인 안쪽 해역에 들어온 일본 어선들을 무차별적으로 나포했다. 가장 대표적인 사건이 1953년 1월 22일 발생한 다이호마루 사건이다.

우리 해군이 일본 민간 어선 2척을 향해 발포해서 일본 어민 1명이 총격으로 사망한 사건이다. 미국은 결국 클라크 라인을 선포했다. 해상을 통한 북한군의 침투 및 밀수 활동을 막기 위한 경계선인데 사실상 이승만 평화선과 경계가 일치했다. 이승만 라인이 국제법상으로는 다소 무리였지만 그로 인해 독도가 우리 땅이라는 것이 명확해졌다는 것이다. 일본이 지속적으로 독도에 대한 영유권을 주장하고 있지만, 실효 지배하는 국가가 우리나라가 됐다. 이승만 대통령의 뛰어난 혜안이었고, 전략이었다.

072 6.25 전쟁 중 직선제를 통한 민주 선거를 하다(1952년)

1948년 제헌의회에서 대통령을 간접선거로 선출한 지 4년이 지난 1952년 8월 5일 제2대 대통령선거가 직선제로 치러져 이승만이 당선되었다. 이 제2대 대통령선거는 우리나라 최초의 직선제 대통령선거였다.

2대 대통령 선거는 한국전쟁 중인 1952년 8월 5월에 치러졌다. 1952년 7월 4일에 국회는 재적의원 185명 중 166명이 참석해서 163명의 찬성, 3명의 기권으로 개헌안이 통과되었다.

개헌 헌법에 따라 1952년 8월 5일 제2대 대통령선거는 전쟁 중임에도 불구하고 총유권자 8,259,428명 중 7,020,684명이 선거에 참여하여 88.1%라는 상당히 높은 투표율을 기록했다. 후보자로는 자유당의 이승만, 무소속의 조봉암과 민주국민당의 이시영이 야권을 대표해서 출마했고, 한때 이승만과 같은 정치적 동지였던 신흥우도 기호 4번으로 나왔다. 결과는 이승만이 총 5,238,769표를 얻어 74.6%의 득표율로 우리나라의 제2대 대통령에 당선되었다. 부통령 선거도 직선제로 치렀다. 무소속 함태영, 자유당 이범석 등 9명의 후보가 출마했다.

전시(戰時)라는 총체적인 위기의 상황 속에서도 이승만 대통령은 국민이 직접 뽑는 직선제를 통해서 대한민국의 제2대 대통령에 당선되었다. 함태영 후보가 3대 부통령으로 취임했다.

073 이승만, 반공포로를 석방하다(1953. 6. 18~19.)

1951년 7월에 시작된 휴전 회담이 2년간을 끌어오던 중, 1953년 6월 8일 휴전 회담의 핵심적 쟁점이었던 포로 송환 문제가 타결되고 양측 대표가 합의서에 서명함으로써 휴전협정이 마무리 단계에 접어들었다.

이승만 대통령은 휴전 문제에 대한 성명을 통하여 "한국민에 대한 공산주의자의 침략이 장차 또다시 일어나지 않으리라는 확실한 보장을 해줘야 한다."라고 하며 미국을 압박하였다. 그러나 미국은 휴전 전에 상호방위조약을 체결할 태도를 보이지 않았다.

이승만 대통령은 독단으로 반공포로를 석방하기로 결심하고, 헌병 총사령관 원용덕 중장에게 밀명을 내려 유엔군이 관리하는 부산, 마산, 대구, 영천, 논산, 광주, 부평 등지의 반공포로 수용소에서 북한으로 송환되기를 거부하는 반공포로 27,000여 명이 일제히 수용소 담과 철조망을 넘었다. 35,698명의 포로 가운데 27,388명이 풀려났다.[205] 이들은 대부분 북한군에 징집된 남한 출신 장정들이었다.

---

205) 김용삼, 『이승만의 네이션빌딩』, (서울: 북엔피플, 2014), 423-424.

반공포로의 석방은 일시에 전 세계의 이목을 집중시켰다. 미국은 "한국이 유엔의 권한을 침범한 것이다."라고 항의를 제기하였고, 북한과 중국은 한국군과 유엔군이 공모하여 반공포로를 석방하였다고 비난하면서 전원 재수용할 것을 강력히 요구하며 휴전회담에 응하지 않았다.

반공포로 석방 이틀 후 우남은 클라크(Mark W. Clark) 유엔군 사령관에게 보낸 편지에서 "이 일로 미국이 한국을 떠나겠다고 하면 떠나도 좋다."라고 말한다. 그러나 "한국을 공산주의자들에게 넘겨주는 일은 삼가라"라며 역으로 반공포로 석방의 책임을 미국에 떠넘기고 있다.

미국은 결국 이승만을 달래지 않고는 휴전할 수 없다는 것을 알게 되었다. 당장 휴전에 급한 미국이 양보함으로써, 이승만은 휴전을 방해하지 않는 조건으로 미국으로부터 막대한 원조와 대한민국 국군 20개 사단의 무장 지원, 그리고 한미상호방위조약을 얻어내었다.[206) 이로써 한국은 미국의 각종 원조와 확보된 안보를 토대로 경제 발전에 자금을 모두 투입할 수 있었다. 한미동맹은 이승만의 가장 큰 업적이다.

074 이승만, 국방력을 획기적으로 증강하다

1950년 6·25 발발 직전 한국군은 육군 96,140명, 해군 7,715

---

206) 위의 책, 429-430.

명, 공군 1,970명이었다. 장병들은 충분한 훈련을 받지 못했고, 소총과 박격포 등 소화기로 무장하고 있었다. 한미 양국은 1954년 11월 17일 워싱턴에서 한미상호방위조약의 후속 조치로 한국에 대한 군사 및 경제원조에 관한 합의의사록에 서명했다.[207]

이 의사록의 주된 내용은 유엔군 사령부가 대한민국의 방위를 위한 책임을 부담하는 동안 대한민국 국군을 유엔군 사령부의 작전 지휘권하에 두는 조건으로 미국은 한국에 1955 회계 연도에 4억 2천만 달러의 군사원조와 2억 8천만 달러, 도합 7억 달러의 경제원조를 제공키로 했다. 이 액수는 후에 1억 달러가 추가되어 총 8억 달러로 늘어났다. 1954년 당시 우리나라의 수출 총액이 2천 4백만 달러였는데, 연간 총 수출액의 34배에 달하는 어마어마한 액수를 미국으로부터 얻어내는 데 이승만은 성공한 것이다.[208]

6.25전쟁 직후 국군은 크게 발전했다. 해군은 전쟁 당시에 4개 정대에 33척의 함정을 보유하고 있었지만, 휴전 무렵 해군은 6개의 전대를 기간으로 한 1개의 함대를 창설했고, 병력도 6,954명에서 12,000명 수준으로 증강됐다. 공군도 1개의 전투비행단과 1개의 훈련비행단 등 2개의 비행단으로 성장했고, 비행기도 F-51전투기 80대를 포함해 총 110대의 항공기를 보유했다. 병력도 1,897명에서 11,000명으로 증원됐다. 이로써 대한민국은 개국 이래 최

---

207) 위의 책, 439-440.
208) 위의 책, 440.

대 최강의 군사력인 75만 대군을 보유한 아시아의 군사 강국으로 성장할 수 있게 됐다.[209]

6) 한미상호보호조약

075 한미상호방위조약 체결(1953. 10. 1.)

6.25전쟁이 발발한 후 3년을 채워 가는 상황에서 북진통일을 주장하던 더글러스 맥아더(Douglas MacArthu)가 경질되고 전쟁이 장기화하면서 미국 본토에서는 '무의미한 전쟁, 질질 끌지 말고 휴전협정 맺고 빨리 끝내자'라는 분위기가 형성되었다. 한국의 이승만 대통령은 1953년 6월 17일 당시 미국 브릭스(Ellis O. Briggs) 대사와의 회동에서 휴전 후에도 상호방위조약을 맺어야 한다고 주장했다.[210]

하지만 당시 해외에 간섭하지 말자는 고립주의 방향으로 흘러가던 미국은 이승만 대통령의 제안이 마음에 들지 않았다. 미국은 상호방위조약을 원하지 않았던 것이다. 이런 상황에서 제대로 된 방위조약 등의 방어수단 없이 휴전이 이루어지면 언제든 다시 북한이 침략해올 것을 우려한 이승만은 6월 18일 27,000여 명의 반공포로 석방 사건을 독단적으로 일으키는 초강수를 두었다. 이 조

---

209) 위의 책, 같은 쪽.
210) 김현태, 『이승만 박사의 반공정신과 대한민국 건국』, (서울: 범아출판, 2021), 257.

치에 매우 놀란 미국은 이승만 대통령을 '약속 위반자'라고 비난했고 '이승만을 제거해야 한다'라는 건의안이 나오기도 했고, 비밀리에 에버레디 계획(Plan Everready)[211]을 구체화하여 실행 계획을 세우기도 하였다. 그러나 미국은 이미 이승만의 이러한 초강수에 휘둘리고 있었으며 어느새 이승만이 상황을 주도하고 있었다.[212]

이승만 대통령은 상호방위조약 체결에 대한 약속을 해주지 않으면 휴전협상 주체의 의지와는 관계없이 전작권을 환수하고 단독으로라도 북진을 하겠다고 선언하였다. 그러면서 한반도는 해양세력과 대륙세력의 교두보 임무를 수행한다는 한반도 교두보론을 내세우며 상호방위조약에 비관적이었던 미국 정가를 설득하였다. 미국은 결국 조약을 맺는 조건으로 휴전에 응할 것을 제시, 1953년 7월 휴전 협상이 체결되었다.

이후 같은 해 8월 3일 미국과 협상을 시작하였고 이승만은 이러한 과정에서도 정치회담이 결렬될 때 무력통일을 추진하겠다고 협박하며 압박을 이어 나갔다. 양국 간의 협상 끝에 8월 8일 조약의 최종안이 서울에서 가조인되었다. 이승만 대통령은 "이 조약으로 우리 후손들은 많은 혜택을 볼 것이다."라면서 크게 기뻐했고, 이는 현실이 되었다.[213]

---

211) 에버레디 계획(Plan Everready)은 6.25 전쟁 당시 대한민국 측이 미국 측의 의도와 달리 돌발 행동을 할 때를 대비해 만든 미국의 군사 작전으로서, 대한민국 행정부를 교체하기 위한 전반적인 계획을 담고 있다.
212) 김현태, 『이승만 박사의 반공정신과 대한민국 건국』, 257.

1953년 10월 1일, 미국 워싱턴에서 변영태 외무부 장관과 델레스(John F. Dulles) 미국 국무부 장관이 조인하였으나, 이후 삽입 조항에 대한 양국의 견해차가 심하여 시간을 끌다가 1년 후인 1954년 11월 18일에 정식으로 한미상호방위조약이 발효되었다.

076 한미상호조약의 결과

한미상호방위조약은 대한민국은 물론 동북아 평화에 지대한 영향을 미쳤다.

1) 한반도 및 그 주변의 장기적 평화가 유지되었다.

2) 한미동맹에 따른 미국의 확고한 대한(對韓) 방위 보장에 힘입어 한국은 1970년대 전반기까지 GNP의 4%라는 비교적 적은 국방비만 쓰면서 경제개발 우선 정책으로써 경이적인 경제성장을 이룩할 수 있었다.

3) 한미동맹은 국군의 비약적인 팽창을 이루었다. 대한제국이 일본에 병탄 되었을 때 보유병력이 8,000명 정도였던 데 비해 한미동맹 조약에 따라 한국은 20개 사단을 현대화했고, 70만 대군을 갖게 되었다.

4) 한미동맹은 한국의 민주화를 도왔다. 미국은 남한의 정치적 안정이 동북아권의 안정에 필수적이라고 인식했기 때문에 남한의

---

213) 김용삼, 앞의 책, 432.

민주화에 관심을 가질 수밖에 없었으며, 실제로 장기적으로는 정치적 민주화를 후원했다.

5) 한미동맹으로 미국의 지원을 받게 된 한국은 외교망을 확대했다.

6) 한미동맹으로 과거 동양에서 가장 폐쇄적이었던 은둔국 한국은 '팍스 아메리카나'를 구가하는 미국과 맹방이 됨으로써 서구 문명에 완전히 개방되었다. 원래 대륙 국가였던 한국은 이 과정에서 해양 지향의 태평양국가로 탈바꿈했다.

동맹이 70년이나 지속한다는 것은 국제정치사상 놀라운 일이다. 한미동맹이 가장 성공적이며 양호한 동맹이라고 평가받는 이유는 동맹의 목적인 '전쟁 방지'에 성공했으며, 동맹을 맺을 당시 세계에서 가장 가난했던 대한민국이 세계 10위권의 경제 대국으로 성장했다는 점이다. 또 사실상 민주주의가 무엇인지 잘 모르던 대한민국이 미국식 민주주의에 가장 근접한 민주주의 정치체제를 갖춘 국가가 되었다는 점이다.

한미동맹으로 인해 동북아에서는 70년간 전쟁이 사라졌다. 그동안 동북아는 화약고나 다름없었다. 청일전쟁, 러일전쟁, 만주사변, 중일전쟁, 태평양전쟁, 6·25 등 대규모 전쟁이 연이어 발생했기 때문이다. 그런데 1953년 한미동맹으로 남한에 미군이 주둔하면서 장기적인 평화가 이어졌다.

077 한미상호조약 에피소드

"이승만 그 날강도에게 또 당했어! 도대체 한국이 무슨 힘이 있다고 미국에 전쟁이 나면 한국이 도와줄 테니 한반도에 전쟁 나면 한국 병력의 9배 이상을 의무적으로 보내야 하는 거야? 또 인계철선(tripwire)[214]은 뭐야! 우리 젊은이들을 북한이 내려오는 길목에 박아 놓고 공격받으면 미국이 자동 참전해야 한다니, 한국이 제자리 잡을 때까지 한국 국방비를 미국이 전액 대라는데 아무리 스탈린 때문이라고는 하지만, 무슨 이런 조약에 사인하고 온 거야?"[215]

"한미연합사는 강대국이 개발국에게 줄 수 있는 최고의 예물

---

214) 인계철선은 본래 폭탄에 연결돼 건드리면 터지는 가느다란 철사를 뜻한다. 여기서는 동맹국의 자동개입을 보장하기 위한 인질과 같은 성격을 지닌 주둔군을 말한다. 한미 양국은 오랫동안 인계철선을 두고 신경전을 펼쳤다. 휴전협정 직후 미국은 후방으로의 재배치를 추진했지만, 이승만 대통령은 한국군의 능력이 없다며 미군을 휴전선 근방에 묶어 놓았다. 유사시 자동개입을 원했기 때문이다. 그래서 미2사단과 7사단이 문산과 동두천에 주둔하게 되었다. 문산과 동두천 축선은 북한군의 주 공격로로 이곳을 거치지 않으면 서울로 진입을 할 수 없는 요충지인데, 여기에 미군을 배치해 놓음으로써 북한군이 남침을 하게 되면 미군이 자동개입을 하도록 한 것이다. 실제로 한미상호조약에 따라서 1공화국 한국 국가 예산의 65%는 미국원조, 별도로 국방비는 전액 미국이 부담했고, 인계철선의 설치로 김일성이 남한에 내려오지 못했다.

215) 이승만기념관,
http://xn—zb0bnwy6egumoslu1g.com/bbs/board.php?bo_table=episode&wr_id=14, 3대 미국 대통령 해리 트루먼, 1953년 10월 1일 한미상호조약 체결 후 측근과의 대화 중.

이다. 이것은 신의 선물이기 때문에 다시 이런 군사체계가 나
오는 것은 사실상 불가능하다. 세상에 어느 나라가 스스로 95
프로의 돈을 지불하면서까지 우방국을 돕기 위해 주둔하는
가?"   - NATO 사령관 '필립 브리드러브' -

"우리 일본에도 한미연합사 같은 미일연합사를 만들어 주시오.
우리는 방위 분담금을 훨씬 많이 지불할 용의가 있소."
                        - 일본 내각총리 '후쿠다 다케오' -

"미국이 전세계의 조롱을 받으며 월남에서 싸울 때 오직 유일
하게 같이 피를 흘려준 국가가 한국이고 그리고 미국은 그 고
마움을 아직도 간직하고 있소."
    - 미국 대통령 '제럴드 포드' - (일본의 요구를 거절하며)

"1945-65년 사이에 미국 국고의 약 120억 달러가 한국에
갔다고 되어있다. 최고조에 달한 때는 1957년이었으니, 그때
한국의 국내 세입이 4억 5,600만 달러인데 경제 원조로 미국
으로부터 끌어들인 돈은 3억 8,300만 달러였다. 여기서 군사
원조도 4억 달러가 추가된 데다가 주한미군 경비로 또 3억 달
러가 추가되었다. 한국에 대한 군사 원조 액수는 유럽 전체에
대한 군사 원조 액수보다 상당히 높고, 라틴 아메리카 전체에
대한 군사 원조 액수의 4배이다."
                        - 시카고 대학 교수 '브루스 커밍스' -

"이승만은 안보의 선각자입니다. 그가 60년 전 이끌어 낸 한
미상호방위조약은 대한민국 평화와 안정의 큰 보루가 되었습
니다."   - 전 해군작전사령관 '서영길' -

078 한미상호방위조약 전문

본 조약의 당사국은,
The Parties to this Treaty,

모든 국민과 모든 정부가 평화적으로 생활하고자 하는 희망을 재확인하며, 또한 태평양 지역에 있어서의 평화 기구를 공고히 할 것을 희망하고,
Reaffirming their desire to live in peace with all governments, and desiring to strengthen the fabric of peace in the Pacific area,

당사국 중 어느 1국이 태평양 지역에 있어서 고립하여 있다는 환각을 어떠한 잠재적 침략자가 갖지 않도록 외부로부터의 무력 공격에 대하여 자신을 방위하고자 하는 공동의 건의를 공공연히 또한 정식으로 선언할 것을 희망하고,
Desiring to declare publicly and formally their common determination to defend themselves against external armed attack so that no potential aggressor could be under the illusion that either of them stands alone in the Pacific area,

또한 태평양 지역에 있어서 더욱 포괄적이고 효과적인 지역적 안전보장 조직이 발달될 때까지 평화와 안전을 유지하고자 집단적 방위를 위한 노력을 공고히 할 것을 희망하여,
Desiring further to strengthen their efforts for collective defense for the preservation of peace and security pending the development of a more comprehensive and effective system of regional security in the Pacific area,

다음과 같이 동의한다.

Have agreed as follows.

제1조 당사국은 관련될지도 모르는 어떠한 국제적 분쟁이라도 국제적 평화와 안전과 정의를 위태롭게 하지 않는 방법으로 평화적 수단에 의하여 해결하고 또한 국제관계에 있어서 국제연합의 목적이나 당사국이 국제연합에 대하여 부담한 의무에 배치되는 방법으로 무력으로 위협하거나 무력을 행사함을 삼갈 것을 약속한다.

Article 1 The Parties undertake to settle any international disputes in which they may be involved by peaceful means in such a manner that international peace and security and justice are not endangered and to refrain in their international relations from the threat or use of force in any manner inconsistent with the purposes of the United Nations, or obligations assumed by any Party toward the United Nations.

제2조 당사국 중 어느 1국의 정치적 독립 또는 안전이 외부로부터의 무력 공격에 의하여 위협을 받고 있다고 어느 당사국이든지 인정할 때에는 언제든지 당사국은 서로 협의한다. 당사국은 단독적으로나 공동으로나 자조(自助)와 상호 원조에 의하여 무력 공격을 저지하기 위한 적절한 수단을 지속 강화시킬 것이며 본 조약을 이행하고 그 목적을 추진할 적절한 조치를 취할 것이다.

Article 2 The Parties will consult together whenever, in the opinion of either of them, the political independence or security of either of the Parties is threatened by external armed attack. Separately and jointly, by self-help and mutual aid, the Parties will maintain and develop appropriate means to deter armed attack and will take suitable measures in consultation and agreement to implement this Treaty and to further its purposes.

제3조 각 당사국은 타 당사국의 행정 지배하에 있는 영토와 각 당사국이 타 당사국의 행정 지배하에 합법적으로 들어갔다고 인정하는 금후의 영토에 있어서 타 당사국에 대한 태평양 지역에 있어서의 무력 공격을 자국의 평화와 안전을 위태롭게 하는 것이라 인정하고 공통한 위험에 대처하기 위하여 각자의 헌법상의 수속에 따라 행동할 것을 선언한다.
Article 3 Each Party recognizes that an armed attack in the Pacific area on either of the Parties in territories now under their respective administrative control, or hereafter recognized by one of the Parties as lawfully brought under the administrative control of the other, would be dangerous to its own peace and safety and declares that it would act to meet the common danger in accordance with its constitutional processes.

제4조 상호적 합의에 의하여 미합중국의 육군, 해군과 공군을 대한민국의 영토 내와 그 부근에 배치하는 권리를 대한민국은 허용하고 미합중국은 이를 수락한다.
Article 4 The Republic of Korea grants, and the United States of America accepts, the right to dispose United States land, air and sea forces in and about the territory of the Republic of Korea as determined by mutual agreement.

제5조 본 조약은 대한민국과 미합중국에 의하여 각자의 헌법
상의 수속에 따라 비준되어야 하며 그 비준서가 양국에 의하
여 워싱턴에서 교환되었을 때 효력을 발생한다.

Article 5 This Treaty shall be ratified by the United States
of America and the Republic of Korea in accordance with
their respective constitutional processes and will come into
force when instruments of ratification thereof have been
exchanged by them at Washington.

제6조 본 조약은 무기한으로 유효하다.216) 어느 당사국이든지
타 당사국에 통고한 후 1년 후에 본 조약을 종지(終止, 종료)
시킬 수 있다.

Article 6 This Treaty shall remain in force indefinitely.
Either party may terminate it one year after notice has
been given to the other Party.

이상의 증거로서 하기 전권위원은 본 조약에 서명한다.

IN WITNESS WHEREOF the undersigned plenipotentiaries
have signed this Treaty.

본 조약은 1953년 10월 1일 워싱턴에서 한국문과 영문 두벌

---

216) 트루먼 대통령은 한미상호조약 체결 후 측근과의 대화 중에 "이승만
그 날강도에게 또 당했어! 도대체 한국이 무슨 힘이 있다고 미국에 전
쟁 나면 한국이 도와줄 테니 한반도에 전쟁 나면 한국 병력의 9배 이
상을 의무적으로 보내야 하는 거야? 또 우리 젊은이들을 북한이 내려
오는 길목에 박아 놓고 공격받으면 미국이 자동 참전해야 된다니! 그리
고 한국이 제자리 잡을 때까지 한국 국방비를 미국이 전액 대라는데
아무리 스탈린 때문이라고는 하지만 무슨 이런 조약에 사인을 하고 온
거야?"라며 탄식을 했다고 한다.

로 작성되었다.

Done in duplicate at Washington, in the Korean and English languages, this first day of October 1953.

대한민국을 위하여 변영태
FOR THE REPUBLIC OF KOREA: Y. T. Pyun

미합중국을 위하여 존 포스터 덜레스
FOR THE UNITED STATES OF AMERICA: John Foster Dulles

5. 이승만 대통령의
주요 업적

5. 이승만 대통령의 주요 업적

이승만 대통령의 공과(功過)에 대하여 논할 때, 많은 사람이 과(過)에 대해서는 잘 알고 있으나, 공(功)에 대해서는 모르는 경우가 많다. 이승만 정부를 뒤집은 군사정부는 물론이고, 민간정부들마저도 이승만의 잘못만을 과도하게 홍보함으로 자신들의 정권에 정당성을 부여하려고 했기 때문이다. 그런 이유로 역사학자들의 연구도 부족하거나, 이데올로기에 편향된 경향이 있다.

이미 우리에게는 그의 과(過)가 너무나 잘 알려져 있기에 굳이 여기에서 반복할 필요는 없을 것 같다. 본문에서는 그의 공(功)에 대하여 초점을 맞추고자 한다.

해방과 함께 풀어야 할 과제들이 갑자기 몰려들었다. 일본을 대체해야 할 지도력이 절실했다. 어떤 체제를 선택하고 실현해 나갈 것인가 하는 문제도 곧바로 등장했다. 이를 주도하려고 각 정파가 급조되었다. 선점을 위한 경쟁과 대립과 갈등이 치열했다. 그러나 정치체제는 한국의 의지와 상관없이 결정되어 있었다. 스스로의 힘으로 해방을 맞이한 것이 아니어서 카이로선언과 포츠담선언을 따라야 했다. 38도선을 경계로 미군과 소련군이 진주했고 신탁통치를 받아야 했다. 이런 상황에서 이승만 대통령의 업적은 두드러졌다.

1) 정치

079 21세기 남한과 북한

21세기의 남한과 북한은 세계가 주목하는 나라이다. 남한은 자유민주주의 경제력, 한류 등의 다양한 분야에서 세계로부터 주목받고 있다. 북한은 세계 최악의 인권국가, 세계 최빈국, 3대 세습의 독재국가, 끊임없이 미사일을 쏘면서 한반도의 평화를 위협하는 세계의 골칫거리로 주목받고 있다.

한반도는 1945년 8월 15일 일제로부터 해방을 맞이한 이후, 자유민주주의와 공산주의라는 이념의 소용돌이에 휘말리다가, 남한은 1948년 7월 17일 자유민주주의에 기초한 헌법을 제정하고, 8월 15일 제1공화국을 출범시키면서 대한민국이 공식적으로 출발하였다. 북한에서는 1948년 9월 8일에 사회주의에 기초한 조선민주주의인민공화국 헌법을 공포하고, 9월 9일에 조선민주주의인민공화국 정부 수립을 선언하였다. 한반도 분단 75년의 결과를 보면 그 차이가 너무도 크다. 이승만은 오늘날 남한의 발전에 초석을 놓았다.

080 반공주의자 이승만

6년 간의 한성감옥 속에서 예수님을 만나고 성령세례를 받은 하나님의 사람 이승만은 기독교를 최고의 적으로 여기는 공산주의와 타협할 수가 없었다. 이승만은 독립운동 시기부터 반공을 주창해왔고, 이로 인해 미군정과 갈등을 빚기도 했다.

북한은 해방 이후 소련의 주둔 아래 1946년 3월 민주개혁을 주창하며 중앙집권화를 강화했고, 1946년 11월 도, 시, 군 인민위원회 선거를 실행했다. 그 결과 1947년 2월 김일성을 위원장으로 하는 북조선인민위원회를 구성했다.

이승만은 시간이 지체될수록 한반도의 공산화를 우려하며 남한의 민족주의자들, 남로당 등의 온갖 반대를 이겨내고 남한 단독정부 수립을 관철시켰다. 남한 단독 선거를 통해 이승만은 정치 분야에서 자유민주 대한민국을 건국했다. 그가 통치했던 12년의 기간 동안 언론의 자유를 비교적 폭넓게 허용했고, 선거 및 의회제도, 양당제도, 지방자치제를 도입[217]하는 등 민주주의의 기초가 세워졌다.

---

217) 행정안전부 국가기록원 대통령 기록관, 이승만 대통령~박정희 대통령 (지방자치 태동기) 참고.

081 대한민국 단독정부 수립, 북한의 남한 공산화 공작 저지

이승만 대통령은 1946년 6월 3일에 했던 정읍발언을 통해 남한만의 단독정부 수립을 강력히 주장한다. 이러한 이승만의 정읍발언은 최근까지도 그가 분단의 원흉이라는 평가를 받게 되는 결정적인 계기가 되었는데, 소련의 극동 문서고들에서 여러 문서가 개방됨에 따라 이승만 대통령의 이러한 안목은 오히려 현실적이었다는 것이 밝혀지게 되었다. 소련은 미소공동위원회를 가지기 이전인 1945년 9월 20일부터 북한에 독자적인 정치조직을 계획했으며, 1945년 10월 초순부터 노골화되어 1946년 초에는 기반을 구축했다.

제1차 미소공동위원회가 1946년 3월 20일 서울의 덕수궁에서 열렸는데, 이는 미군과 소련군이 한반도에 통일된 임시정부를 수립하기 위한 회의로 알려졌다.[218] 미소공동위원회의 목적은 애초에 소련이 한반도 분단의 원흉은 미국과 이승만임을 국민에게 각인시켜 책임을 떠넘김으로써 더욱 소련에 우호적인 여론을 형성하고자 하는 것이었음이 밝혀졌다. 회의가 시작될 때부터 이미 소련군 대표 스티코프는 한반도에 적대적인 정부가 들어서는 것을 절대로 용납하지 않을 것을 분명히 했었다.[219]

---

218) 김용삼, 앞의 책, 90-91.
219) 위의 책, 같은 쪽.

2) 외교

여권 파워는 한 나라의 외교력을 파악하는 주요한 기준 중의 하나이다. 2024년 한국의 여권 파워는 세계 2위, 북한은 97위로 세계 최하위권이다.

> "국제결혼을 한 한국녀, 영국남 부부가 라오스 여행을 준비하면서 남편이 아내에게 '왜 당신은 비자 신청을 하지 않아요?'라고 하자 '한국에서 라오스는 무비자예요. 한국이 영국보다 무비자 입국 국가가 훨씬 많아요.' '어떻게 한국이 영국보다 여권 파워가 높을 수 있어요?', '속상해하지 말아요. 한국은 영국뿐만 아니라 세계 대부분의 나라보다 높은, 세계 여권 파워 2위 국가예요.'"

082 대한민국 정통성 확립하다(1948년)

이승만 대통령은 해방 직후 국내의 여러 단체로부터 중요한 직책을 부여받았다.[220] 이는 독립운동가들 사이에서 그를 없어서는 안 될 중요한 인물로 인식했다는 것을 보여준다. 그 핵심은 그의 외교력에 있었다. 일찍이 미국으로 건너가 유학을 하고, 미국에서 활동한 덕분에 국제정세에 대한 선견지명이 있었고, 국제사회에서

---

220) 해방 직후 미군정의 존 R. 하지 장군이 이승만을 국내로 급히 불러들였고, 박헌영의 공산당은 이승만을 주석으로, 우익의 송진우·김성수 등은 이승만을 영수로 추대했다.

약소국의 대표로 어떤 외교를 펼쳐야 하는지 잘 알고 있었다. 국제사회에서 한국을 대표할 인물로 이승만이 적임자임을 국제사회나 국내에서도 인지하고 인정하고 있었다. 그런 경험을 바탕으로 그는 대한민국 수립 이후 유엔과 미국 등 30여 개 국가로부터 승인을 획득하여 대한민국의 정통성을 확립하였다.

083 임시정부에 대일선전포고를 요청하다(1941. 12. 10.)

우리나라의 3대 독립운동 노선에서 박용만이 무력투쟁론, 안창호가 실력양성론을 주장했다면 이승만은 외교독립론을 주창했다. 세계로부터 지지와 공인을 받지 않으면 독립국가가 될 수 없었기 때문이다. 그는 외교를 통해, 한국이 독립국가로 공인되기를 위해 온 힘을 기울였다.

일본의 진주만 공습 이틀 후, 루스벨트가 의회에서 참전법을 통과시키고 선전포고를 하기도 전에 이승만은 중경의 임시정부 김구에게 급전을 날린다. "임시정부 이름으로 일본에 선전포고를 발표하고 미국에 모든 협조를 하겠다는 성명을 만들어 나에게 보내 달라." 이것은 미일전쟁을 예상한 이승만이 진작부터 생각해둔 계획이다. 반드시 미국과 연합국이 되어 일본과 싸워야만 임시정부의 당당한 독립권리가 확보되기 때문이다. 김구는 12월 10일 자로 대일선전성명을 발표하였고 외교부장 조소앙이 루스벨트 대통령 앞으로 보내는 성명서를 이승만에게 보냈다.[221]

이승만은 조소앙의 성명을 미국 정부에 제출하고, "중경의 임시 정부는 프랑스 드골(Charles de Gaulle)의 망명 자유 프랑스 운동 (Free France Movement)과 같다."라면서 "임시정부를 승인해야 우리 광복군이 미국의 전쟁을 적극 협력할 것이니 미국이 한인병 력을 활용해 달라"라고 요청했다. 국무부 정치고문 혼벡(Stanley K. Hornbeck)에게 청원서를 내고 루스벨트 대통령과 헐 국무장관 에게 전해주도록 부탁했다.[222]

084 대한민국 임시정부의 대일전쟁 성명서(1941년)

우리는 3천만 한인과 정부를 대표하여 삼가 중국·영국·미국·네 덜란드·캐나다·오스트레일리아 및 기타 여러 나라가 일본에 대해 전쟁을 선포한 것이 일본을 격패(擊敗)하고 동아시아를 재건하는 가장 유효한 수단이 되므로 이를 축하하면서, 다음과 같이 성명한 다.

1. 한국 전체 인민은 현재 이미 반침략 전선에 참가해오고 있으 며, 이제 하나의 전투단위로서 축심국(軸心國)에 전쟁을 선언한다.

2. 1910년 합병조약과 일체의 불평등 조약이 무효이며, 아울러 반침략 국가가 한국에서 합리적으로 얻은 기득권익이 존중될 것임

---

221) The Syngman Rhee Correspondence in English 1904~1948, vol.7, (연세대한국연구소, 2009).

222) 이승만이 호스킨스에게 보낸 편지, "대한민국 임시정부자료집-20", 주 미외교위원부, 2007.

을 거듭 선포한다.

3. 한국과 중국 및 서태평양에서 왜구(倭寇)를 완전히 구축(驅
逐)하기 위하여 최후의 승리를 거둘 때까지 혈전(血戰)한다.

4. 일본 세력 아래 조성된 창춘(長春) 및 남경정권(南京政權) 을
승인하지 않는다.

5. 루스벨트·처칠 선언의 각 항이 한국의 독립을 실현하는데 적
용되기를 견결(堅決)히 주장하며, 특히 민주 진영의 최후 승리를
미리 축원한다.

대한민국 임시정부 주석 김구(인), 외무부장 조소앙(인)

대한제국 23년(1941) 12월 10일

085 외교 독립론을 통해 카이로선언문에 영향을 주다(1943년)

카이로선언은 제2차 세계대전 말기인 1943년 11월 27일 미국의
루스벨트(Franklin D. Roosevelt) 대통령, 영국의 처칠(Winston
Leonard Spencer Churchill) 수상, 중국의 장제스(蔣介石) 총통, 소
련의 스탈린(Iosif Vissarionovich Stalin, Ио́сиф Виссарио́но
вич Ста́лин) 등이 일본의 식민통치를 받던 한국을 자유 독립시
키기로 합의한 선언이다.

이승만은 한미협회 이사장 해리스(Fredrick B. Harris) 목사,

회장 크롬웰(James H. R. Cromwell), 변호사 스태거스(John W. Staggers), 언론인 윌리암스(Jay J. Williams) 등의 이름으로 루스벨트 대통령에게 장문의 친서를 보냈다. 한국독립과 관련된 조치들, 임시정부 승인과 무기대여법에 따른 한인 부대 창설 문제다. 그 결과 루스벨트 대통령의 최측근이며, 감리교도로서 이승만과도 각별했던 해리 홉킨스(Harry L. Hopkins)가 작성한 카이로선언문 원고를 영국 대표가 약간 수정했는데, 여기에 우리나라와 관련된 내용을 기초하는 데 상당한 영향을 주었다.

카이로선언문은 한국의 독립을 최초로 논의하고, 인정한 것으로 일컬어진다. 1943년 카이로회담이 열리기 9개월 전, 미국 대통령 F. 루스벨트는 2월 23일 조지 워싱턴 대통령 탄생일을 기념하여 전국에 중계하는 라디오 연설을 했다. 미일전쟁 설명 중 "일본의 가혹한 압제에 한국 국민이 당하는 노예상태"를 적시하여 처음으로 '한국'을 공개 거론, '한국인의 노예상태'에 남다른 동정심을 드러내 전후처리 구상의 일단을 밝힌 것이었다.[223] 1943년 11월 카이로선언 한국 관련 조항은 다음과 같다.[224]

"상기 3대 강국[225]은 한국 인민의 노예 상태를 유념해 적절한

---

223) 이승만 건국사, 카이로선언 '한국독립' 조항에 얽힌 비밀, https://www.newdaily.co.kr/site/data/html/2023/03/17/2023031700076.html

224) 정병준, "카이로회담의 한국 문제 논의와 카이로선언 한국조항의 작성 과정", 『역사비평』107, 2014., 307-308.

225) 카이로선언을 선포한 미, 영, 중.

시기에 한국이 자유와 독립 상태가 될 것을 결의한다."

"The aforesaid three great powers, mindful of the enslavement of the people of Korea, are determined that in due course Korea shall become free and independent."

카이로선언은 전후(戰後) 한국독립을 약속한 연합국 최초의 공약이었고, 한국은 연합국으로부터 독립을 약속받은 유일한 아시아 국가였다. 이승만의 공헌이었다.

3) 경제

군사력과 경제력, 외교력 등을 합산해 평가하는 '2022년 세계에서 가장 강력한 국가들(the planet's most powerful countries)' 조사에서 한국이 6위[226], 한국의 국가브랜드 파워는 2022년 10월 27일 스위스 제네바 국제연합훈련연구원(UNITAR) 본부가 발표한 국가브랜드진흥원(INBP)의 2022년 국가브랜드 보고서에서 세계 39개국 중 미국, 영국, 독일에 이어 4위를 차지했다.[227]

086 자유민주주의 시장경제의 초석을 놓다

이승만 대통령은 자유민주주의 시장경제의 초석을 닦았고 여러

---

226) 한국국제교류재단, Vol. 2, 2023., 31.
227) 『매일경제』, 2022. 12. 1.

논의를 거쳐 대한민국 최초의 헌법이 탄생되도록 했다. 이 헌법을 통해 새로 수립된 대한민국은 군주제가 아닌 주권이 국민에게 있는 '민주공화국'이었다. 이를 통해 국민은 인간으로서의 기본적인 권리인 자유, 평등, 재산, 교육권 등을 확실히 갖게 되었다.

이 헌법은 자유민주주의와 시장경제를 기본적인 토대로 하고 있으면서도 동시에 노동자의 이익을 보장하였으며, 또한 주요 자원이나 산업에 대한 국유화를 천명하였다. 또한 경제 사회적 민주주의의 요소도 혼합하여 사유재산제를 인정하면서도 사회정의의 실현을 위해 단결권과 단체교섭권, 단체행동권과 같은 사회주의적 요소도 인정하였다.

이승만 대통령은 자유민주주의와 시장경제를 수호했음에도 노동당을 생각했을 정도로 노동자들에 대해 배려를 했다. 이렇듯 이승만 대통령의 제1공화국은 우리가 현재 누리고 있는 민주주의와 시장경제의 토대와 기초를 쌓았다.

087 대한민국의 경제개발 계획을 수립하다

우리나라 최초의 경제개발 계획은 1953년 3월 전쟁 중에 발표된 UNKRA(국제연합한국부흥단)의 네이산 보고서(한국경제재건 5개년 계획)가 그 시작이다. 하지만, 그 내용에 대해서 이승만 정부 관료들의 이의가 많았고, 또한 단지 지침서 정도에 불과한 것이었기 때문에 당장 시행되거나 하지는 못했다.

본격적으로 경제개발계획안이 제기된 것은 1958년 부흥부 산하에 산업개발위원회를 설치하면서부터이다. 이곳엔 EDI(세계은행 산하의 경제개발연구원)에서 연수를 마치고 돌아온 우수 인재들과 외국 유학을 마치고 돌아온 신진기예들을 대거 기용했는데, 이중에선 현재 많은 나이에도 불구하고 효성그룹의 고문으로 재직하고 있는 송인상 씨가 유명하다.

088 이승만과 송인상

송인상은 이승만 전 대통령 밑에서 한국의 경제정책과 행정제도의 초석을 마련했다. 이홍구 전 국무총리는 "6·25 전쟁으로 초토화된 이 땅에서 '부흥과 성장'의 기수 역할을 했다."라고 송 명예회장을 기억했다. 송 명예회장은 1957년 부흥부(전 경제기획원) 장관과 1959년 재무부 장관 등 주요 경제부처의 수장으로 지내며 '경제개발 3개년 계획'을 추진했다. 애초 그는 인도처럼 정부 주도의 5개년 개발계획이 필요하다고 대통령에게 보고했으나, 기간이 너무 길다는 대통령의 판단에 따라 3년으로 결정됐다고 한다.

이승만 정부는 산업개발 위원회 위원들의 월급을 장관보다 4배를 더 주는 등 파격적인 대우를 해가며 각고의 노력을 기했다. 수많은 노력이 있는 끝에 1960년 4월 15일에 드디어 처음으로 경제개발 3개년 계획안이 발표되고 의회를 통과하면서 경제개발의 시작을 알리게 되었는데, 바로 4일 뒤 4.19혁명이 일어나게 된다.

이승만 정권의 계획개발은 백지화되었는데, 다행인 것은 당시 부흥부 관리들이 이후 정권에서도 이를 계속 추진해나갔다. 3.15 부정선거 건으로 투옥한 송인상 씨는 1963년에 석방되어 한국경제개발협회장이란 요직을 맡게 된다.

경제개발계획은 이승만 정권 때 경제개발 3개년 계획안이 작성되어, 장면 정권에 의해 5개년 계획으로 수정되었다가, 군사 정권 이후엔 1차 경제개발 5개년 계획으로 발전 계승되어 나간 것이다. 박정희는 국가재건최고회의에서 불과 2개월 만에 경제개발 5개년 계획을 발표하였다.

이것은 이승만 정부가 1년 8개월에 걸쳐 완성한 경제개발 3개년 계획을 급히 수정한 것이다. 경제개발 3개년 계획은 한국의 경제성장사에 있어 토대를 제공해 주었다.

4) 농지개혁(1950년)

089 이승만과 농지개혁

1950년 3월 이승만 정부의 농지개혁법 공포로 남한에서 농지개혁이 이루어졌다. 기독교적 사랑과 경제정의 실현에 기여한 이승만의 농지개혁은 그의 신학사상인 희년제도의[228] 한국적 실현[229]

---

228) 희년: 안식일, 안식년 사상과 맥을 같이하는 희년은 안식년(7년)이 7번 행해지고 난 다음에 찾아오는 50번째 해이다. 희년에 토지 소유의 원상회복을 선포한다. 가난해서 팔아버린, 조상 대대로 물려받은 유산의 토

이다. 농지개혁으로 인해 남한 전체 농지 면적에서 자작지의 비율이 92.4%에 달하게 되었다. 해방 당시 자작지의 면적이 35%에 불과했던 것을 비추어 볼 때, 획기적인 변화가 일어난 것이다.[230] 이를 통해 한국의 자본주의가 태동하게 되었다. 그런데 그것보다 더 큰 공헌은 6·25전쟁 시 남한의 농민들이 북한군에 부역하는 현상이 나타나지 않았다는 것이다.

만약 농지개혁이 미루어져 6·25 때 남한을 점령한 북한군이 지주의 농토를 빼앗아 소작농에게 나눠주었다면 이들은 농토를 빼앗기지 않으려고 북한군 편에 서서 싸웠을 것이다. 중국의 모택동이 장개석한테 이긴 이유이다. 6.25 이전에 단행한 이승만의 농지개혁은 민주주의의 토대를 놓았을 뿐 아니라 민주 한국을 지켜냈다.

지를 희년에 무조건 원소유자에게 되돌려 주도록 되어 있다. 토지를 영원히 팔 수 없다는 근거는 "토지의 주인은 야훼 하나님"이라는 데 있다 (레 25:23). 토지 소유의 원상회복의 목적은 가난한 사람들로 하여금 실패한 삶을 떨쳐 버리고 새 출발을 하게 하는 데 있다. 이스라엘이 평등 공동체로 출발했던 정착 초기의 평등 상태로 되돌아가 모든 백성이 다같이 동등한 조건에서 다시 출발하게 하려는 데 희년의 목적이 있다. 안식일과 안식년의 총체적 안식이 희년에 주어진다. 희년에는 잃은 기업이 회복되고, 종 되었던 자들이 자유를 누리며, 죄수들은 감옥에서 풀려나고, 빚진 자들의 부채는 탕감되고, 땅은 안식을 누린다. 그래서 희년은 억울한 자나 가난한 자나 포로로 잡혀간 자나 종 된 자나 눌려 사는 모든 사람에게 자유가 주어지는 기쁨의 해, 은혜의 해이다.

229) 김승욱, "이승만 정부의 농지개혁에 대한 기독교적 평가", 『신앙과 학문』 16, 2011., 33–74.

230) 안문석, 최재덕, "1946년 북한의 토지개혁의 부정 사례와 그 원인", 『한국동북아논총』 24, 2019., 78.

이승만의 농지개혁은 정치적 선택을 넘는 성경적 가치관이었다. 1948년 12월 4일에 행한 그의 라디오 연설문에 이 사실이 명확하게 나타난다.

> "하나님이 세상을 창조하실 때, 양반과 상놈을 구별하거나 부자와 빈민을 인쳐서 낸 것이 아닙니다. 모든 사람이 동등으로 천연적 복을 누리게 한 것인데, 그중에 지혜도 있고 능력도 있는 사람들이 모든 재원을 욕심껏 점령하여 사유물을 만들어 자자손손이 유전해서 필경은 몇몇 사람의 소유물로 인정받게 된 고로, 임금이 된 이는 그 나라가 다 자기 사유물이라 생각하였으며...(중략) 우리가 주장하는 민주주의는 반상이라 귀천이라 하는 등분이 다 없고 모든 인민이 평등 자유로 천연한 복리를 다 같이 누리게 하는 것입니다. 이 주장을 세우기 위하여 그 근본적 병통(病痛)을 먼저 교정하여야만 모든 폐단이 차서(次序)에 바로잡힐 것이므로, 토지 개혁법이 유일한 근본적 해결책이라는 것입니다."[231]

정부는 농지를 수용하면서 지주들에게는 지가증권을 발급했다. 지주에게 보상한 20억 원의 대략 절반가량이 지주의 손을 떠나 산업자본으로 전환되었다. 이로써 지가증권이 산업자본으로 전환되어 농업사회를 산업사회로 전환시킨 한국자본주의의 시발점이 되었다. 20세기 식민지체제를 경험한 신생국가가 농지개혁을 거쳐

---

231) 권동혁, 남정욱, 윤서인 외, 『시간을 달리는 남자』, (서울: 백년동안, 2016), 146.

산업화와 민주화가 동시에 성공한 경우는 세계사적으로도 대한민국이 유일하지 않을까 한다. 농업경제학자인 김성호 전 한국농촌경제연구원 고문은 "이승만의 농지개혁232)이 한국의 번영을, 북한의 소련식 토지국유화가 오늘의 북한 참상을 불렀다."라고 단언했다.233)

5) 교육

090 이승만과 교육

한국의 교육도 세계적으로 각광을 받고 있다. 포스텍과 부산교대는 에티오피아 정부의 요청에 따라 아다마과학기술대의 교육과정을 개선하는 일을 하고 있다. 신소재공학과 설립을 의뢰받은 포스텍은 교과과정 설계, 실험실 설치 등 하드웨어부터 매년 10여 명의 교수 파견, 졸업예정자 대상 한국 초청 현장실습 등 소프트웨어까지 국내 교육과정을 통째로 심고 있다. 포스코가 매년 1억 원씩을 지원한다. 이화여대는 캄보디아 프놈펜왕립대와 제휴를 맺고 이 나라 경제, 사회, 환경 등 전체적인 경쟁력 강화를 돕기로

---

232) 이승만의 농지개혁과 북한의 농지개혁: 1950년 3월, 남한의 농지개혁은 유상몰수 유상분배로 토지의 개인 소유권이 인정되었고, 1946년 3월, 북한의 토지개혁은 무상몰수 무상분배, 토지의 개인 소유를 금지하고 완전 국유화했다.
233) 홍익희, "적화통일을 막아낸 이승만의 농지개혁", 2018년 10월, 23.

했다.

미국 뉴욕에는 할렘가 아이들에게 예의와 규범을 지키고 열심히 공부하는 한국식 교육 모델을 접목시켜 뉴욕 최고 학교로 성장한 데모크라시프렙스쿨(DPCS)도 있다. 재학생 2,000명 모두 흑인과 라틴계이며 90%는 빈곤층, 75%가 한부모 가정이지만, 중학교 성적은 '전과목 A'로 뉴욕시 1위, 고등학교는 뉴욕시와 인근을 포함해 1위이다.

한국의 평생교육시스템을 전수해 달라는 요청도 쇄도하고 있다. 최운실 국가평생교육진흥원장은 "파라과이와 니카라과 등 중남미 국가들에 학점은행, 사이버대 등 한국 특유의 평생교육 모델을 심는 사업을 시작했고 계속 확장해갈 계획이다."라고 했다. 한국교육학술정보원과 메가스터디는 인터넷 동영상 강의 시스템을 배우려는 외국인이 최근 들어 많이 늘었다고 전했다.

세계가 배우고자 하는 한국 교육의 선구자가 이승만이라는 사실을 아는 사람들이 얼마나 될까? 이승만은 서당에서 천재 소리를 듣는 신동이었으나, 조선 말기의 부패한 과거제도와 매관매직으로 과거 시험에 11번 떨어진 쓰라린 경험이 있으며, 전국민의 90% 이상이 문맹으로 우매한 까닭에 일본의 식민지가 되어 나라가 망할 수밖에 없었던 것을 너무도 잘 알고 있었기에 교육을 통해 부강한 나라를 세우겠다는 것이 숙원이었다. 이승만 대통령이 교육을 얼마나 중시했는지는 90세로 일기를 마감하기 전 양자 이인수 박사에게 한 유언에 잘 나타나고 있다.

> "나라가 발전하려면 국민교육과 전문적인 기술교육과 인재양성이 기본이며, 우리나라가 자유민주주의 체제와 시장경제를 채택하고 있으니 국가의 안보만 튼튼히 지켜나간다면 우리의 장래는 밝다. 특히 한미상호방위조약을 지켜나가야 할 것이다."[234]

091 하와이에 한인 최초의 남녀공학(1913년)

이승만이 하와이에 도착하기 전 1906년 9월 학기부터, 하와이 감리교 선교부가 미국 감리교단 선교국의 후원으로, 한인들을 위해 설립한 초등학교인 한인기숙학교가 운영되고 있었다. 학생 수는 25명이었고, 1907년 초 하와이 정부가 정규학교로 인가하여 이 학교 졸업생은 다른 상급학교로 진학할 수 있었다.

1913년 9월 한인기숙학교 교장으로 취임한 이승만은 우선 이 학교가 "하와이 군도에 있는 모든 한인학교의 중앙이 될 것"을 바라는 뜻에서 학교 이름을 한인중앙학교로 바꾸었다.[235] 이승만이 교장직을 맡은 이후, 한인중앙학교는 질적·양적으로 크게 발전하

---

234) 김현태, 『교육혁명가 이승만 대통령의 교육입국론』, 34.
235) 『국민보』, 1913. 9. 16. 국민보는 '중앙학원'으로 불렀다.

였다. 이승만은 당시로는 거의 혁명적인 교육방법을 도입하였다. 그것은 남녀공학 제도였다. 이승만이 한인중앙학원 원장에 취임하자 19명의 여학생이 입학을 자청해 왔다. 이승만은 이들 여학생을 위해 기숙사를 별도로 마련하고 그들을 입학시켰다. 그가 실시한 남녀공학은 대성공이었으며, 그 후 교포사회로부터도 대환영을 받았다.236)

한국 교육사에 이승만이 한국인으로서 처음으로 남녀공학 제도를 도입한 것이었다. 학교는 급성장하여 불과 6개월 만에 학생 수가 32명에서 120명으로 증가하였다. 4배에 가까운 성장률을 보인 것은 이승만의 명성을 듣고 학생들이 모였기 때문이었다. 전체 학생은 4개 학년으로 나뉘어 공부하였으며, 교과과목은 영어는 물론 한국어와 한문이 포함되었다. 감리교 선교부에서 경영하였기 때문에, 기독교인 양성에 중점을 두어 성경을 가르쳤다. 1916년 3월 1일에는 기숙사 명칭을 한인여자성경학원으로 칭하였다.

092 의무교육을 실시하고 유학을 장려(1949년)

이승만은 국가 예산의 10% 이상을 교육에 투자했다.237) 이승만

---

236) 장규식, "우남 이승만의 교육사상과 실천", 중앙대학교교육대학원, 2015. 17.
237) 2023년 국가 예산 640조 원 중 교육예산은 20%에 해당하는 100조 원가량이다. 국가의 교육에 대한 투자는 이승만 대통령 시기부터 실질적으로 시작되었다고 할 수 있다.

은 1949년에 초등교육 무상의무제를 도입하고 정부와 민간단체들에 의해 성인을 상대로 한 문맹 퇴치 운동을 벌였다. 그 결과 1950년 이후 이승만 정권 시절에 초등학교가 2,800개에서 4,600개로 10년도 되지 않아 신설되었고, 136만 명에서 360만 명으로 증가했다. 대학도 19개에서 68개, 대학생은 8천 명에서 10만 명으로, 중학교는 10배, 고등학교는 3.1배, 대학교는 12배로 늘어났다. 또 문맹 퇴치 운동을 통해 1948년 문맹률 80퍼센트에서 1959년 22.1퍼센트로 줄였다. 대한민국 교육시스템의 체계와 기초를 다진 인물은 이승만 대통령이다.

이승만은 매년 평균 600명 이상의 인재들에게 1인당 6천 달러를 들여 국비유학을 보내서 기회를 주었다. 1956년부터 시행된 미네소타 프로젝트[238]는 서울대의 많은 교수에게 미국 유학의 기회를 주었다.

이러한 변화로 사회 곳곳에서 엘리트들이 양성되기 시작했다. 1953~1960년 기간에 미국을 비롯한 선진국으로 나간 유학생은 4,884명, 1953~1961년 기간에 해외로 떠난 단기연수 기술훈련생은 2,309명, 미국을 다녀온 군 장교와 하사관은 1만여 명이었다. 이들이 고국에 돌아와 한국 산업화에 지대한 영향을 미친다.

---

238) 이승만 대통령이 전후 미국 정부와 한미원자력 협정을 체결하면서 한국에 실험용 원자로 1기를 건설해 줄 것과 우리 과학 기술자들을 미국에서 재교육시켜 줄 것 등을 요구, 그 방안으로 추진된 서울대학교와 미네소타대학 간의 학술교류협력을 말한다.

093 인하공과대학을 설립하여 산업화의 기초를 놓다(1954년)

6.25전쟁이 끝난 이후인 1954년에 우리나라의 공업 수준을 향상시키기 위해 이승만 대통령의 발의로 인하공과대학이 설립되었다. 이승만의 독려에 따라 하와이 교포들이 대학 설립을 위해 성금을 냈다. 인천과 하와이의 첫 글자를 따서 인하대학이 된 것이다. 이승만 대통령은 기존에 우리나라가 강조하던 문과 쪽에서 탈피해, 앞으로 대한민국의 산업화를 위해 필요한 인재들인 공학도들을 기르고자 학교를 설립했다.[239]

1952년 12월 피난지 부산에서 이승만은, 하와이로 이민선이 처음 출발한 인천에 미국의 MIT와 같은 공과대학을 설립하라고 문교부 장관에게 지시한 데 이어 범정부적 지원을 아끼지 않았다. 그런데 인하대 캠퍼스에는 설립자 이승만의 동상을 찾아볼 수 없다. 1984년, 교내에서는 학생의 날 기념식과 추모제가 열렸고, 행사 후 학생들은 시위를 벌이다가 설립자 이승만 박사의 동상을 쓰러뜨렸다. 지금도 을씨년스럽게 받침대만 남아 있다.

094 인하공업고등학교(1955년)

이승만은 1954년에 개교한 인하공대에 1955년 5월 25일 '직업기술보도학교'를 개설하여 6주 과정으로 배선기술과, 수도기술과,

---

239) 김현태, 『교육혁명가 이승만 대통령의 교육입국론』, 371.

전화기술과를 개설하였다. 인하공대는 1958년 1월에 문교부에 직업기술보도학교를 '인하공과대학교 부설 중앙종합직업학교'로 설립을 요청하여 직업학교 전공부(2년 초급대학 과정)와 직업보도부(공업고등학교 과정)의 설립허가를 받아 운영하였다.[240]

1961년 5.16 군사정부가 이승만 정부에서 1961년 3월 대한민국정부와 독일연방공화국간 체결한 '한독간 경제 및 기술협력에 관한 의정서'를 토대로 한독실업학교를 설립하여 독일식 교육체제인 직업학교의 모델이 되었다. 한독실업학교는 1970년 인하공업고등학교로 전환되었고, 1980년대에 정석항공공업고등학교로 변경되어 오늘에 이르고 있다.[241]

박정희 대통령은 한독실업학교를 모델로 전국 도 단위에 공업고등학교를 설립하여 우수 인재들을 선발하여 기술 교육을 시켜, 오늘날의 공업 한국의 기틀을 마련하였다. 이승만의 중앙종합직업학교는 한국의 중견 기술자를 배출하는 공업고등학교의 기초가 되었다.

095 한국외국어대학교 설립(1953년)

한국외국어대학교가 이승만 대통령의 지시로 세워진 사실에 대해 아는 사람들이 얼마나 있을까? 심지어 학교 홈페이지 어디에도

---

240) 위의 책, 410.
241) 위의 책, 같은 쪽.

이승만 대통령의 흔적은 보이지 않는다. 휴전협상 조인(1953년 7월 27일) 후 일주일이 채 안 된 31일 이승만 대통령은 백두진 국무총리에게 영어, 중국어, 러시아어 등을 능숙하게 구사하는 인재를 양성하기 위한 외국어대학 설립을 추진하라는 지시를 내렸다. 지시를 받은 문교부에서는 외국어대학교 설립위원회를 설치하는 등 신속하게 준비했다.[242]

외국어대학을 세우려는 정부와 자금을 가진 김흥배의 이해가 일치되었고, 이 대통령은 조속히 시행하라는 결정을 내린다. 1953년 10월 15일 김흥배는 한국육영회 이사회를 개최하여 한국외국어대학 설립을 의결하였다. 마침내 1954년 1월 18일 문교부는 한국외국어대학의 설립을 인가하여, 대한민국 초창기 유능한 외국어 인재를 배출하는 산실이 되어 오늘에 이르고 있다.

096 이승만과 여성 교육

이승만 대통령은 한국 여성도 초등학교 수준에서 남자와 똑같은 의무교육을 받도록 했다. 남녀 구분 없이 동등한 교육 및 취업기회를 정책적으로 보장함으로써 한국 사회의 평등화에 획기적으로 기여했다. 이 대통령 집권기에 한국 여성은 초등학교 수준에서 남자와 똑같은 의무교육을 받게 되었고, 나아가 중고등학교 및 대학에 대거 진학하기 시작하였다. 1958년 각급 학교의 여학생 수를

---

242) 위의 책, 419.

비교해보면, 초등학교의 경우 3.1배(541,011→1,655,659), 중고등
학생의 경우 1.1배(63,516+23,721→ 88,625+6,469), 사범학교의
경우 2.5배(1,825→4,527), 그리고 대학의 경우 8.5배(1,086→
9,189)로 엄청난 증가를 보였다.

저학력 여성들은 타자수, 교환수, 섬유 노동자, 직조공, 피복공
등에 취업하였고, 고학력 여성들은 교원, 의사, 약제사, 경찰관, 공
무원 등의 직업을 가졌다. 비록 그 수는 많지 않았지만 1950년대
에는 여성 판·검사, 여군 장교, 여자 항공대원, 여자 공학사가 나
타났고, 국회의원과 장관 및 대사들도 등장하였다. 조선시대 이래
차별대우를 받던 한국 여성이 이승만 대통령의 집권기에 최초의
혜택을 누리게 되었다.

6) 언론

097 우리나라 최초의 일간지 『매일신문』 창간(1898년)

우리나라 최초의 민간(民刊) 일간신문은 매일신문이다. 매일신
문을 창간한 사람은 이승만이다.

서재필이 창간(1896년)한 독립신문은 주간지였고 일주일에 두
세 번 발행하기도 했으나, 매일 발행한 신문은 제호대로 매일신문
(영어명칭 Daily Newspaper: 1898년)이다. 또한 서재필은 미국인
(망명 후 미국귀화)이었기 때문에 한국인에 의한 최초의 민간 일

간지는 이승만이 발행한 매일신문이다. 우리 언론계는 1957년 독립신문 창간일(4월 7일)을 '신문의 날'로 정해 오랫동안 신문 휴간까지 하면서 기념일로 지켜왔다. 당시 대통령은 이승만인데 독립신문 창간일을 '신문의 날'로 정했다. 아마도 이승만이 스승인 서재필에게 양보한 것으로 여겨진다.

배재학당에서 서재필이 만든 학생조직 '협성회' 지도자로 협성회보 주필이던 이승만은 급변하는 시대 상황에 일간신문의 필요성을 절감하고 협성회보를 일간지(매일신문)로 바꾸었다. 이승만은 대표-주필-기자로 1인 3역을 자임했다. 당시 23세 청년 개혁 운동가 이승만은 한국에서 '기자'(記者)란 호칭을 처음 사용했다. 국문(한글) 전용인 독립신문에 논설을 도맡았던 이승만은 매일신문도 국문 전용으로 내면서 '한글 전용론자'가 되었다.

사장에는 양홍묵, 기재원(記載員 : 지금의 기자)에 이승만, 최정식, 회계에 유영석 등이 참여했다. 그 이후 이승만은 주필과 사장직을 맡아 활약했고, 독립협회 산하의 만민공동회를 통해 부패·무능한 정부를 비판하고 독립·민권 사상을 고취하는 등 민중계몽에 앞장섰다.

098 언론의 자유를 실시

우리나라 언론의 자유는 제1공화국에서 비롯되었다. 예컨대 미군정이 검열을 없애는 등 언론의 절대적 자유를 선언한 것이 오늘

날 대한민국에서 자유민주주의 언론의 이념적 토대가 됐다.243)

이승만 정권 당시에 6.25전쟁 이후 총 56종의 일간신문과 177종의 월간지를 포함하는 411종의 언론매체가 활동하였는데, 이러한 언론의 자유와 보장이 현대에 이르기까지 발전하였다. 물론, 그 과정에서 국가보안법을 구실로 『경향신문』을 폐간시키는 등의 언론의 자유를 제한하는 일도 있었다. 『경향신문』은 여당과 이승만 정권에 대해서는 상당히 비판적이었다. 사상계라는 월간잡지 역시 이승만과 대립하는 야당 쪽 흥사단 계열의 잡지였기 때문에 당시의 언론은 극도로 편파적이었다고 볼 수 있다.244)

이승만 정권의 언론에 대한 탄압도 있었지만, 이러한 과정에서도 여러 언론을 인정하고 활동하게 놔두었다는 것은 중요한 의의를 가지며, 또 당시에는 언론과 관련해서 법과 제도 등 조직적인 언론정책을 갖고 있지 못했다. 이승만의 언론관은 현금에 이르러 언론의 자유는 세계 최고의 수준으로 발전했다.

7) 한강의 기적과 중공업육성

한국은 세계에 유례가 없을 정도로 빠르게 경제성장을 이뤘다. 자본과 자원이 거의 없는 여건에서, 더구나 1950년부터 1953년까

---

243) 위의 책, 449-451.
244) 위의 책, 451.

지 3년간의 전쟁으로 산업시설이 거의 폐허가 된 상태에서 이뤄낸 경제성장을 세계는 '한강의 기적'이라고 한다. 한국은 1960년대부터 수출주도형 경제 발전 계획을 세워 추진했다. 처음에는 원자재나 소규모 공장에서 생산한 경공업 제품을 주로 수출하다가, 1970년대부터 중화학공업시설 투자를 통한 경제 발전을 추진해 중공업제품 수출의 발판을 마련했다. 지금은 반도체와 디스플레이, 조선, 철강, 자동차 등의 다양한 분야에서 선두를 달리고 있다.

099 중화학공업 발전의 기틀을 마련하다(1956년)

해방 전 대한민국은 세계 최빈국이었고, 중화학공업은 전혀 없다시피 했다. 이승만 대통령은 6.25전쟁이 일어난 직후에 충주 비료공장과 문경 시멘트공장, 인천 판유리공장을 준공하였다. 이후 박정희 정권에서 핵심적인 사업이 된 중화학공업 발전의 토대를 마련했다. 당시 중공업은 북한이 79%, 남한이 21%의 비율로 매우 비대칭적으로 분포되어 있었고, 금속 공업의 경우엔 90% 이상이 북한에서 생산되었다. 남한에서는 오로지 방직공업 생산 부문에서만 북한에 앞서 있었다.

이러한 현실에서 우리나라는 이승만 대통령에 의해 1956년부터 수입대체산업 정책이 본격화되었다. 이를 통해 국내 산업시설의 육성을 위한 기반, 즉 박정희 정권 때 우리나라가 산업화를 할 수 있는 기초를 마련했다는 것이 학계의 일반적 평가이다. 이승만 대통령은 여느 지도자들과 달리 전혀 사익을 추구하지 않았다. 그는 미국의 지원금을 모두 문경 시멘트공장, 충주 비료공장, 인천 유리 공장 등의 발전사업 건설에 사용했다.

이는 장기적으로 사회간접자본의 건설에 밑거름이 됐다는 점에서 무시할 수 없는 사안이다. 또한 이승만 대통령은 경제적 격차가 현격한 일본과의 국교 재개를 초기에 반대함으로써 일본경제에 대해 상대적 자립성을 유지할 수 있는 기반을 구축했다. 그 이후인 박정희 정권에서는 어느 정도 구축을 해놓은 상태에서 국교를 재개했기 때문에 일본에 종속되지 않을 수 있었다.

이와 같은 이승만 대통령의 정책으로 그가 통치한 1953년에서 1960년 사이에 경제성장률은 연평균 4.9%로 비슷한 수준의 후진 국들의 평균성장률 4.4%를 조금 상회했다. 또한 제조업 성장률은 12.4%였다. 이 시기에 이승만 대통령은 원조자금을 개인적으로 사용하지 않고, 국가를 위해 효율적으로 사용하며 국가의 토대를 건설했고, 또 이러한 사회 기반설비와 교육으로 만든 인적 인프라는 산업화의 토대가 되었다.

8) 과학

100 한국 원자력 연구소를 설립하다(1958년)

세계적인 수준의 한국 원자력 기술이 이승만 대통령으로부터 시작되었다. 1948년 5월 14일 북한이 대한민국에 대한 송전을 중단하여, 미국의 군함을 부산항에 정박시켜 전기를 공급하려 했을 때만 해도 한국에는 발전 설비가 없었을 정도였다. 1956년 이승만 대통령은 미국 대통령의 과학고문이었던 워커 리 시슬러(W. L. Cisler) 박사를 만나 원자력이 우리나라의 에너지원으로 큰 역할을 할 것이라고 확신하고 원자력 도입을 처음으로 결정하였다. 이를 위해 1956년 정부 조직으로 원자력과가 신설되고 한미원자력협정을 체결하였다.[245]

이후 1958년 원자력법을 제정하였으며, 같은 해 10월에 원자력원과 원자력 연구소가 설립되었다. 원자력 전문인력 양성을 위해 1958년 한양대에 최초로 원자력공학과가 신설되었고, 1959년에는 서울대에도 원자핵공학과가 만들어졌다. 초기의 연구소는 기초 연구, 원전의 기술, 안전, 경제성 조사, 원전 부지 확보, 인력양성, 방사성동위원소 및 방사선 이용 확대 등의 업무를 수행했다. 최초의 연구로인 '트리가 마크-Ⅱ'를 미국으로부터 도입하여 1959년 건설을 시작하여 1962년부터 운영을 시작하여 기초적인 실험과 교육훈련, 동위원소 생산에 사용하였다.

이승만 대통령은 우수한 국내 인재들을 선발해 원자력 선진국으로 유학을 보냈고, 이들이 귀국할 무렵부터 본격적인 원자력 연구를 할 수 있도록 했다. 이에 따라 1958년 원자력법을 제정했고,

---

245) 위키백과, 대한민국의 원자력 발전.

1959년 1월 21일 장관급 부처인 원자력원을 설립했다. 또한 3월 1일 원자력 연구소(지금의 한국 원자력 연구원)를 세웠다. 우리나라의 세계적 수준의 원자력 기술은 이승만 대통령이 그 토대를 닦은 것이다.

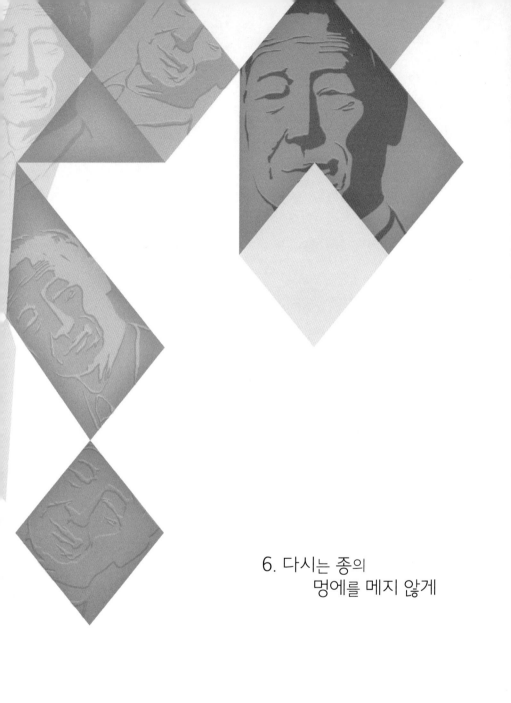

6. 다시는 종의
　　멍에를 메지 않게

6. 다시는 종의 멍에를 메지 않게

출애굽의 영웅 모세는 가나안 땅에 들어가지 못하고 가나안이
보이는 느보산에서 생을 마감했다. 1965년 7월 19일 오전 0시 35
분, 대한민국 초대 대통령 이승만 전 대통령이 미국 하와이 한 요
양원에서 90세로 운명했다. 부인 프란체스카 여사와 하와이로 망
명한 지 5년이 지난 시점이었다.

101 3.15 부정선거

3.15 부정선거는 이승만 대통령의 옥에 티라고 할 수 있다.
1960년 3월, 4대 대선에서 이기붕이 출마한 부통령 선거에서
3.15 부정선거가 일어났다. 마산에서 시작된 부정선거 항의 시위
는 부산, 대구를 거쳐 서울로 확산됐다. 시위에는 경찰이 투입되어
무차별 폭행과 연행이 일어났다. 마산 시위에 참여한 고등학생 김
주열이 눈에 경찰의 최루탄을 맞고 사망했으며, 시신은 유기되었
지만, 마산 앞바다에서 발견되면서 국민의 분노는 극에 달했다.

이승만 대통령은 자유당 강경파에 의해 정보가 차단되어 정국을

제대로 파악하지 못하고 있었고, 부통령 선거에서 부정선거가 있었다는 것도 모르고 있었다.[246] 이승만은 김주열 사건에 대해서 알게 된 후 큰 충격을 받았다. 왜 이런 일이 발생한 것인지 물어도 각료들은 제대로 말해 주지 않았다. 1960년 4월 12일 자 국무회의록을 보면 각료들은 이승만에게 "불순분자들이 뒤에서 조종하고 있는 것 같다."[247], "야당들이 선동하고 있는 것 같다."[248], "학생들이 주동하고 있는 것은 아니다."[249]라는 식으로 보고했다.

4월 18일에는 고려대생들이 시위하다가 정치깡패들에게 습격을 받아 쓰러졌다. 4월 19일에는 시위가 대규모로 확산하였고, 분노가 폭발한 국민은 친정부 언론사인 서울신문사를 불태우고 탑골공원의 이승만 동상을 파괴했다. 각계의 여론이 극도로 악화하고 교수들까지 참여해 시국 선언을 발표하여 '부정선거 다시 하자'라는 구호를 외쳤으며 주한 미국 대사관마저 재선거를 말했다.

시위대는 부정축재를 벌이던 이기붕의 집을 방화하였고, 경찰의 발포로 시위 기간 180여 명의 사망자가 나왔다.

---

246) 『현대한국정치사』, (한국정신문화연구원, 1987), 89. 당시 이승만의 경쟁 후보였던 조병옥이 미국에서 수술 후 사망해서 이승만의 당선이 확정적이었는데, 파트너인 이기붕이 부통령에 당선되는 건 사실상 불가능했다. 이승만의 나이는 80을 넘겨서 이승만 사망 시 권력은 부통령에 승계되기 때문에 이승만의 대통령 당선은 확정적이었음에도 불구하고 자유당 입장에서는 부통령 선거에 목숨을 걸어야 했다.
247) 최재유 문교부 장관
248) 홍진기 내무부 장관
249) 김정렬 국방부 장관

102 국민이 원한다면

이 소식을 들은 이승만 대통령은 부상자들이 입원해 있는 병원을 찾아갔다. 늦게서야 사태를 파악한 것이다. 실제 당시 촬영된 영상을 보면 이승만 대통령이 입원자들을 보며 울먹이는데 가까스로 울음을 참는 표정을 볼 수 있다. 이승만 대통령은 돌아가는 상황을 몰랐던 것으로 보인다. 이승만은 병원에서 다친 학생들을 보며 "부정을 보고 일어서지 않는 백성은 죽은 백성이지. 이 젊은 학생들은 참으로 장하다."라고 말했다.250) 이승만 대통령은 4월 26일에 시민대표단을 만났다. 그리고 그 직후 라디오로 대국민담화를 발표하면서 "국민이 원한다면 대통령직을 사임하겠다."라고 했다. 1960년 4월 28일 아침 이승만은 경무대를 떠나 자신의 사저인 이화장으로 돌아갔다.

이후 이승만 대통령은 한 달간 이화장에서 지내다가 1960년 5월 29일 하와이로 출국했다.251) 류석춘 연세대 이승만 연구원장은 "이승만은 하와이로 갈 때 2~3주 휴가를 보낸다는 생각이었다."라면서 "미국에 망명을 신청한 적도 없고 스스로 망명이라고 여기지도 않았다. 망명이란 말은 당시 언론이 만들어낸 것이다."라고 말했다. 사실 이승만 대통령은 유학과 독립운동 기간을 포함해 모두

---

250) 김정렬 당시 국방장관 회고록 '항공의 경종'.
251) 망명은 망명 신청자가 타국에 신청해서 그 국가가 승인하면 이루어진다. 이승만은 망명을 신청하지 않았다. 이승만은 원래 망명이 아니라 한 달 정도 있다가 돌아올 생각으로 갔다.

41년을 미국에서 살았지만, 미국 시민권을 얻은 적은 없다. 국적은 언제나 한국인이었다. 일부 독립운동가는 활동 편의를 위해 중국 여권을 만들기도 했지만, 이승만은 전 세계를 다니면서 미국 국무성이 발급한 임시 증명서를 사용했다.

103 다시는 종의 멍에를 메지 않게 하여 주시옵소서

> "그리스도께서 우리를 자유롭게 하려고 자유를 주셨으니 그러므로 굳건하게 서서 다시는 종의 멍에를 메지 말라"(갈 5:1).

> "진리를 알지니 진리가 너희를 자유롭게 하리라"(요 8:32).

이승만 대통령은 자신이 과거 오랫동안 활동한 하와이에서 옛 동지들도 만나고 좀 쉬다가 귀국할 예정이었으나 당시 대통령 권한대행이었던 허정은 재입국을 불허했다. 그 이후 박정희 정권에서도 이승만 대통령의 귀국을 계속 거절했다.[252] 1964년 6월 말 급성 위장 출혈로 쓰러진 후 1965년 7월 19일 0시 35분 하와이 마우날라니 양로병원(Maunalani Nursing Center)에 입원했다. 프란체스카 여사는 이승만 대통령 재임시 경무대에서도 물김치, 콩

---

252) 김종필 회고록에 의하면 박정희 정부는 이승만이 원한다면 귀국을 수용하려고 했으나 그의 주치의가 비행기에 타는 순간 그 자리에서 사망한다고 만류하여 어쩔 수 없이 귀국을 거절해야 했고, 이승만도 귀국을 포기할 수밖에 없었다고 밝혔다.

나물, 두부, 된장찌개, 생선구이 등으로 식탁을 준비하곤 했었는데, 이 대통령이 미국 병원 식사를 싫어하면서 한국 음식을 그리워하자, 대통령을 위해 그가 좋아하는 한국 음식을 열거하며 서툰 노래를 불러주면 그도 함께 따라 불렀다. 그 노래의 가사는 이렇다.[253]

날마다 날마다 김치찌개 김치국
날마다 날마다 콩나물국 콩나물
날마다 날마다 두부찌개 두둣국
날마다 날마다 된장찌개 된장국

건강이 회복되면 고국에 돌아가기를 염원하던 그는 결국 병원에서 프란체스카 여사가 임종을 지켜보는 가운데 향년 90세로 일생을 마쳤다. 아들 이인수 박사는 이때 남긴 마지막 기도와 유언을 이렇게 증언했다.

"이제 저의 천명이 다하여 감에 아버지께서 저에게 주셨던 사명을 감당치 못하겠나이다. 몸과 마음이 너무 늙어버렸습니다. 바라옵건대 우리 민족의 앞날에 주님의 은총과 축복이 함께 하시옵소서. 우리 민족을 오직 주님께 맡기고 가겠습니다. 우

---

253) 프란체스카 도너 리, 『이승만 대통령의 건강』, (서울: 도서출판 촛불, 2017), 200-201.

리 민족이 굳게 서서 국방에서나 경제에서나 다시는 종의 멍에를 메지 않게 하여 주시옵소서."

7월 21일 하와이 한인기독교회에서 영결식이 거행되었다. 이후 이승만의 유해는 전 주한 미군 사령관이자 친우였던 밴 플리트 (James Alward Van Fleet) 장군이 마련한 특별기로 한국에 이송되었다.254) 장례는 가족장으로 치렀다. 당초 유족들은 "국장으로 예우해 달라."라고 요구했으나 야당인 민주당과 학생, 시민단체들이 반대했다. 이에 정부가 상대적으로 격이 낮은 국민장을 결정했으나 유족들이 다시 이를 거부했다. 나흘이 지난 7월 27일 서울 정동교회에서 영결식을 한 뒤 국립묘지에 안장됐다.

---

254) 가족장으로 치러졌지만, 시신 운구에 군부대가 동원되어 국장 수준이었고 애도 인파도 국장 수준이었다.

결론 건국 대통령 이승만 장로

1) 새로운 시대를 여는 새로운 평가

김구, 이봉창 의사, 윤봉길 의사, 안중근 의사 등을 비롯해 김좌진 장군, 홍범도 장군처럼 대한독립을 위해 항일무장투쟁의 최전선에 섰던 많은 사람의 노력도 있었다. 그렇지만 이승만과 같이 외교를 통해 한국의 독립을 외쳤던 인물도 있었다. 역할이 서로 달랐다. 그런데 전자의 인물들에 대해서는 지나칠 정도로 긍정적 평가를 하였지만, 유독 이승만에 대해서는 그의 업적에도 불구하고 부정적인 평가를 하는 것이 사실이다.

이승만은 일평생 독립운동을 하고, 공산당과 일본제국주의와 싸웠다. 60여 년의 정치역정 속에서 대한민국을 건국했으며, 6.25전쟁에서 나라를 굳건히 지키고 한국 근대화의 초석이 되었다. 그럼에도 불구하고 부정적인 평가만을 하는 것이 얼마나 잘못된 것인가?

특히, 제2차 세계대전 이후 갓 독립한 신생국가의 대통령이었고 6·25 전쟁으로 인해 처참하게 부서진 약소국이었음에도 불구하고 미국을 비롯한 세계는 이승만을 함부로 대하지 못했다. 그의 탁월한 외교적 능력은 70년이 지난 오늘날의 현실 속에서도 여전히 주목받는다.

이승만에 대한 정당한 재평가를 통해 오늘의 어려운 현실을 극복할 수 있다고 본다. 지금이 바로 그 시점이라고 할 수 있다. 애초부터 인간은 완벽하지 않으며 이승만도 예외가 아니다. 비록 그는 거인이었지만, 여러 잘못된 모습도 보인다. 그렇지만 광복(光復)과 전후(戰後)의 대한민국의 틀은 이승만이 놓았다. 그로 인해 오늘날의 대한민국이 존재하는 것이다.

2) 이승만 초대 대통령의 공로

이승만은 조선 왕조-대한제국-식민지-해방-전쟁-전후(戰後)의 시기를 거치면서 유교적 전통을 극복하고 현대적 자유민주주의 제도의 초석을 놓았다. 미국 생활을 통해 국제질서를 배웠고 한국이 자주독립하려면 세계가 공인하고 지지해야 함을 알았다. 미국의 힘을 활용해서 자주독립의 꿈을 이루고자 했고, 6·25전쟁 중에 미국의 강력한 지원을 끌어냈다. 억지를 부려가며 미국과 상호방위조약을 맺은 것도 이 때문이다. 이승만은 약소국이 가질 수 있는 가장 최고의 힘은 국제외교라고 믿었다. 그의 이러한 의지에 따라 1943년의 카이로회담에서 한국의 독립이 확약 되었다.

해방 후 미군정은 미국무부에 요청해 이승만이 빨리 한국으로 돌아오도록 했다. 이승만이 당시의 복잡한 한국을 진정시킬 수 있다고 판단했기 때문이다. 그렇다고 이승만은 일방적으로 미군정의 뜻대로 움직이지는 않았다. 반탁운동을 주도했고 군정 연장을 반대했다. 미국 정부의 지시에 따라 하지 사령관은 좌우합작을 천명했을 때도 이를 반대했다. 때문에 미군정은 이승만을 눈엣가시처럼 여겼다.255) 그렇지만 미군정은 이승만을 함부로 대하지 못했다. 당시 이승만은 미국교회를 통해 미국정치에 상당한 영향력을 끼치고 있었기 때문이다. 이승만의 뛰어난 외교력과 탁월한 리더십으로 해방 이후 한국은 빠르게 안정되었다.

이승만은 공산주의로부터 대한민국을 지켜 오늘날과 같은 자유민주주의 국가로 발돋움할 수 있게 했다. 공산주의자들의 적화 의욕은 6·25전쟁으로 확실히 드러났다. 김일성과 스탈린이 마오쩌둥과 협의해 수립한 북한의 남침 공격 계획에 따르면, 북한 정권은 전쟁이 일어나면 남한에 존재하고 있던 20만 명 이상의 공산당원들에 의해 '인민봉기'가 일어나고 1개월 만에 전쟁을 끝낼 수 있다고 판단하고 있었다.

실제로 3일 만에 서울이 점령되었을 때에, 박헌영은 라디오 연설에서 "엄숙한 시기에 전체 남반부 인민이 어찌 총궐기하지 아니

---

255) 김원모, "해방정국 이승만 – 김구 – 이광수의 대한민국 정부 수립과 김일성 적화통일 야욕",『춘원연구학보』9, 2016., 103.

하겠습니까? 무엇을 주저할 것입니까? 모두 다 한 사람 같이 일어나 정의의 전쟁에 적극 참여해야 합니다. 인민의 무기는 하나도 봉기요, 둘도 봉기입니다."라고 선동했다.[256] 이는 해방 이후에 김일성과 그 무리들이 38도선 이남 지역에서는 엄청난 수의 공산당원들을 활용해 적화통일의 야욕을 실천하려고 했다는 것을 나타낸다. 그러나 이승만에 의해 남한에는 북한 정권이 기대했던 공산주의자들은 많이 남아 있지 않았고, 대부분의 국민도 공산주의를 따르지 않았다.

3) 하나님의 종 이승만 대통령

역사에 길이 남을 위인들에게도 적지 않은 과오가 있었다. 그럼에도 불구하고 역사가 위인들의 과오보다는 업적을 높이 평가하는 까닭은, 위인들의 업적을 역사 발전의 원동력으로 삼고자 했기 때문이다. 대한민국의 격동기에 조국의 독립을 위해, 민족의 미래를 위해, 하나님 나라를 위해 평생을 불꽃처럼 살다 간 이승만 초대 대통령에 대한 재평가는 우리나라의 미래를 위해서도 대단히 중요한 과제이다.

역대 정권들은 어쩔 수 없이 이승만 대통령의 업적보다는 과오를 부각시킬 수밖에 없었을 것이다. 박정희 대통령은 군사정권의

---

256) 위의 책, 145.

안정을 위해서 이승만 정권의 과오를 집중적으로 부각할 수밖에 없었을 것이고, 전두환, 노태우 정권에서도 박정희 정권의 전례를 따랐을 것이며, 김영삼, 김대중, 노무현 정권은 태생적으로 이승만 대통령의 업적을 부각시키지 않았을 것이다. 앞으로도 정권 차원에서 이승만 대통령의 업적을 기린다는 것은 어려워 보인다.

이승만 대통령도 과오가 있었지만, 초대 대통령으로 국가를 위해 헌신한 점, 공산주의를 반대하고 자유민주주의를 수호한 점, 민주주의 제도에 기틀을 놓았으며 기독교의 발전과 외국의 원조를 통해 국가회복에 헌신한 점, 뛰어난 외교력을 바탕으로 한미상호방위조약을 통해 국가안보에 지대한 공헌을 했고, 대한민국 교육의 기초를 세웠으며, 경제개발 계획을 세우고, 과학 기술의 기초를 놓았고, 농지개혁을 성공시키고, 반공 정책에도 가시적인 성과를 거두었으며, 각종 제도를 정비함으로써 현대 한국을 위한 기초를 놓았고, 국민이 원할 때 자진하여 하야해서 자유민주주의 체제를 보존하려 했던 점 등 수많은 업적을 달성했다. 그렇게 이승만 초대 대통령은 역사적으로 대한민국의 위대한 자산이다.

격변하는 국제정세와 4차 산업혁명 시대를 살아가야 하는 우리나라는 이승만 대통령의 업적들을 자양분 삼아야 한다. 그리고 위대한 대한민국을 열어가려면, 역대 정부들이 외면했던 이승만 대통령에 대한 업적을 민간 차원에서라도 연구하도록 해야 한다. 그래서 이승만 본래의 정신을 계승 발전시켜 나가야 한다.

Epilogue

이스라엘의 출애굽을 통해 자유 독립을 성취한 모세가 출애굽 이후 시내산에 도착해 약 1년간 머무르면서 율법을 받고, 그 율법으로 훈련해 이스라엘을 하나님의 군대로 변화시켰습니다. 이런 의미에서 이승만 대통령은 대한민국의 모세입니다. 그는 모세처럼 하나님께 붙들려서 사셨고, 또 한 가지 실수로 인해 모세가 가나안 땅에 들어가지 못한 것처럼, 그도 한 가지 실수로 인해 하와이에서 돌아가셨습니다.

그런데 역사적 상황이 너무 좋지 않으면 절대 선이 숨을 쉬기가 어렵습니다. 이승만 대통령께서는 일본 제국주의의 지배와 공산주의의 도전을 물리쳤습니다. 그리고 훈련되지 않은 백성, 이런 현실 속에서 지도자가 '비둘기 같은 절대 순결'을 유지하는 것은 옳지도 않고, 또한 세상이 그것을 용납하지도 않습니다. 그래서 '뱀의 지혜'가 필요합니다. 악한 세력을 다루는 뱀의 카리스마가 절대적으로 필요한 것입니다.

이승만 대통령은 비둘기의 순결성과 뱀의 지혜를 가진 분입니다. 그런데 그의 지혜와 카리스마를 정치에서 행사하는 모습은 후세의 판단, 즉 전후 상황이 변화된 상황에서는 오해되고 곡해된 면이 많은 것 같습니다.

이승만 대통령은 1890년대 중반부터 1960년까지 대한민국 최고
의 격동기에 65년간 정치를 하셨는데, 왜 실수가 없었겠습니까?
성경의 역사는 하나님의 역사입니다. 하나님은 어떤 이의 부정적
인 단편으로 인해 그의 전체 삶의 긍정적인 것까지 부정하지는 않
습니다. 긍정과 부정을 공평하게 평가하며, 하나님의 선하신 목적
으로 이끌어갑니다.

아무쪼록 이승만전집발간위원회가 이승만 전집을 성공적으로 발
간해 그의 전체 삶이 얼마나 열정적으로 백성을 사랑했고, 얼마나
치열하게 일본 제국주의와 공산주의에 맞서 싸웠고, 이 나라를 성
경적 가치의 나라로 만들려고 했는지가 밝혀지고, 그에게 덧씌워
있던 많은 오해가 풀어지기를 바랍니다.
그렇게 되면 이승만 대통령에 대해 올바른 역사해석이 이루어지
고, 하늘나라에서 그분이 행복해하실 것입니다. 초대 대통령이 행
복해야 그 이후 우리 대통령 역사에 드리워진 불행한 역사가 좋은
방향으로 흐르게 될 것이라고 믿습니다.

저는 이 일에 열심히 헌신할 것입니다. 특별히 이승만 대통령은
정동교회 장로입니다. 자랑스러운 한국교회를 대표하시는 분이십
니다. 그동안 흘러간 역사 속에서 정치적 싸움만 하면서 심히 왜
곡된 이승만 대통령에 대한 역사를 이제는 올바르고 정확하게 알

아서, 국부이신 이승만 대통령의 역사적 흔적과 그의 사역을 우리 한국교회가 세워나가야 합니다. 일어납시다. 그리고 그의 사역을 밝혀냅시다.

2024년 7월
이승만전집 발간위원장 **이 규 학**

참고문헌

강인철, 박명수, "대한민국 초대 정부의 기독교적 성격", 『한국기독교와 역사』 30, 2009.

김명배, "이승만의 민족운동에 나타난 기독교 국가건설론과 사회윤리", 『기독교사회윤리』 32, 2015.

김원모, "해방정국 이승만-김구-이광수의 대한민국 정부 수립과 김일성 적화통일 야욕", 『춘원연구학보』 9, 2016.

김낙환, "우남 이승만의 신앙과 대한민국 건국", 2018년 8월, 한국크리스천포럼.

김명구, 『한국기독교사1』, 서울: 예영커뮤니케이션, 2018.

김명구, 『한국기독교사2』, 서울: 연세대학교출판문화원, 2020.

김용삼, 『이승만의 네이션빌딩』, 서울: 북엔피플, 2020.

김재현, 『영원한 청년 이승만』, 서울: 생각의탄생, 2020.

김학은, 『이승만과 마사리크』, 서울: 북엔피플, 2022.

김현태, 『교육입국론』, 서울: 도서출판 샘, 2022.

김현태, 『이승만 박사의 반공정신과 대한민국 건국』, 밤아출판, 2020.

박원철, 『선지자 이승만 대통령』, 서울: 킹덤북스, 2020.

손세일, 『이승만과 김구』, 1부 2권 서울: 나남, 2008.

아펜젤러, 『질그릇 속의 보물』, 조성환 역, 대전: 배재대학출판부, 1995.

안문석, 최재덕, "1946년 북한의 토지개혁의 부정 사례와 그 원인", 『한국동북아논총』 24(2), 2019.

우남이승만전집발간위원회, 이승만전집, 연세대학교, 2022.

유영익, 『이승만의 삶과 꿈 - 대통령이 되기까지』, 서울: 중앙일보사, 1996.

유영익, 『젊은 날의 이승만, 한성감옥생활(1899-1904)과 옥중잡기 연구』, 서울: 연세대학교 출판부, 2009.

유영익, 『이승만의 생애와 건국비전』, 서울: 청미디어, 2019, 28.

유영익, "이승만대통령의 업적 재평가", 『역사학보』 192, 2006, 12.

이영일, 『미워할 수 없는 우리들의 대통령』, HadA, 2023.

손세일, 『월간조선』, (2003, 4.), 553-571.

이승만, 『일본, 그 가면의 실체 - 다시는 종의 멍에를 메지 말라』, 서울: 청미디어, 2007.

이원순, 『인간 이승만』, 서울: 신태양사, 1995.

이인수, 『대한민국의 건국-이승만 박사의 나라 세우기』, 서울: 도서출판 촛불, 2009.

프란체스카 도너 리, 『이승만 대통령의 건강-프란체스카 여사의 살아온 이야기-』, 서울: 도서출판 촛불, 2017.

찾아보기

이승만 연보

1875. 3. 26.(고종 12년) ㅣ 황해도 평산군 마산면 능내동 출생함.

1877년 ㅣ 서울로 이사하여 남대문 밖 염동과 낙동에서 살다가 도동에서 성장함.

1879년 ㅣ 낙동서당 입학함.

1885년 ㅣ 도동서당에 입학하여 신긍우, 신흥우와 수학함.

1890년(15세) ㅣ 동갑내기인 박승우와 결혼함.

1895년(20세) ㅣ 신긍우의 권유로 배재학당에 입학함.

1895년 8월 ㅣ 배재학당 초급 영어반의 조교사(tutor)로 임명됨.

1896. 11. 30. ㅣ 서재필의 지도하에 배재학당 안에 결성된 협성회의 서기가 됨.

1897. 7. 8.(22세) ㅣ 배재학당 졸업예식에서 "조선의 독립(The Independence of Korea)"이라는 주제로 영어 연설을 하여 지도자로 도약함.

1897. 1. 1. ㅣ 『협성회회보』의 주필이 됨.

1898. 4. 9. ㅣ 『매일신문』 창간, 5월 14일부터 사장, 저술인, 기재원직을 겸임함.

1898. 8. 10. ㅣ 『제국신문』을 창간, 편집과 논설을 담당함.

1898. 11. 29.–1899. 1. 1. ㅣ 중추원(仲權院) 의관(議官)으로 임명되어 활약함.

1899. 1. 9.(24세) ㅣ 박영효(朴泳孝) 지지자들이 주동한 고종(高

宗) 황제 폐위 음모에 가담한 죄목으로 체포되어 경무청에 구금됨.

1899. 1. 30. ㅣ 탈옥 실패함.

1899. 7. 11. ㅣ 고등재판소 재판에서 태일백(笞一百)과 종신형(終身刑) 선고를 받고 한성감옥서(漢城監獄署)에 수감됨.

1899. 7. 27. ㅣ 아들 봉수가 태어남.

1904. 6. 29. ㅣ 옥중에서『독립정신』을 탈고함.

1904. 8. 9. ㅣ 세 차례의 특사(特使)로 출옥함.

1904. 11. 4.(29세) ㅣ 대한제국의 밀사로 뽑혀 미국으로 출발함.

1904. 11. 29. ㅣ 하와이의 호놀룰루에 도착함.

1904. 12. 31. ㅣ 샌프란시스코를 거쳐 워싱턴 D.C에 도착함.

1905년 2월 ㅣ 조지워싱턴대학교(George Washington University)에 입학함.

1905. 4. 23. ㅣ 워싱턴 D.C.에 있는 커버넌트 장로교회(The Covenant Presbyterian Church)의 햄린(Lewis T. Hamlin) 목사로부터 세례받음.

1905. 8. 4.(30세) ㅣ 미국 대통령 시어도어 루스벨트(Theodore Roosevelt)를 면담하고, 루스벨트에게 한국의 독립 보존을 위해 미국이 지원해 줄 것을 요청함.

1906. 2. 26. ㅣ 아들 봉수가 미국 필라델피아에서 사망함.

1907. 6. 5. ㅣ 조지 워싱턴 대학교의 콜럼비아 대학 졸업함.

1906년 7월 ㅣ 매사추세츠 주(州) 노스필드(Northfield)에서 개최된 '만국 [기독] 학도대회'에서 한국 총대(總代)로 활약함.

1907년 9월 ㅣ 하버드대학교(Harvard University) 대학원 석사과

정에 입학함.

1908. 7. 10~15. | 콜로라도 덴버(Denver)에서 개최된 애국동지 대표대회(The Korean Patriots' Delegation Convention)에서 의장 으로 선출함.

1908년 9월 | 프린스턴대학교(Princeton University) 박사 과정 에 입학함.

1910. 2. 23. | 하버드대 대학원에서 석사학위(M.A.)를 취득함.

1910. 7. 18.(35세) | 프린스턴대학교에서 박사학위(Ph.D.)를 취 득함.

1910. 7. 19. | 황성 기독교청년회(서울YMCA)의 학감으로 임명됨.

1910. 9. 3. | 귀국 차 뉴욕 출발함.

1910. 10. 10.(35세) | 서울에 도착함.

1910년 10월 – 1912. 3. 26. | 서울 YMCA의 학감(Principal of YMCA High School)으로 활동함.

1912. 3. 9. | 서울에 소집된 '감리교회 각 지방 평신도 제14기 회의'에서 미국 미네소타주 미니애폴리스에서 열리는 '기독교 감리 회 4년 총회'의 한국 평신도 대표로 선출됨.

1912. 3. 26.(37세) | 미국을 향해 서울 출발함.

1912. 3말~4초 | 중도에 일본 카마쿠라 嫌射에서 개최된 '(한인) 학생대회'에 참가하여 의장직을 맡음.

1912. 4. 5. | 도쿄에서 '학생복음전도단'을 발족시킴.

1912. 4. 10. | 감리교 동북아 총책 해리스 감독(Harris, Bishop Merriman)과 함께 미국으로 출발함.

1912. 5. 1.1 | 미니애폴리스에서 개최된 기독교 감리회 4년 총회에 한국 평신도 대표로 참석함.

1912. 6. 19. | 뉴저지 주지사 월슨(Woodrow Wilson)을 씨거트(Sea Girt)에 있는 주지사 별장에서 면담함. 이 면담에서 일제 총독부의 한국 기독교 탄압에 관해 보고하고, 월슨이 개입해 줄 것을 요청함.

1912. 6. 30. | 월슨 주지사와 두 번째로 면담함.

1912. 7. 6. | 월슨 주지사와 세 번째로 면담함.

1912. 8. 14. | 네브래스카 주 헤스팅스(Hastings)에 있는 박용만(朴容萬)을 찾아가 그가 조직한 '한인소년병학교'의 학도들을 격려하고, 박용만과 앞으로의 진로에 대해 상의함.

1913. 1. 10. | 미국 동부 캠던(Camden)에서의 YMCA 직무를 완수하고 하와이로 떠남.

1913. 2. 3.(38세) | 하와이의 호놀룰루에 도착함, 부친 부음.

1913년 4월 | 호놀룰루에서 『한국교회핍박』을 출판함.

1913. 8. 26. | 미 감리교 선교회 감리사 와드맨(John W. Wadman) 박사의 추천으로 '한인기숙학교'의 교장직을 맡음.

1913. 9. 2. | '한인기숙학교'의 이름을 '한인중앙학원'으로 바꾸고 학제를 개편함.

1915년 7월 | 여학생 기숙사를 건립함.

1916. 3. 10. | '여학생 기숙사'를 확장하여 '한인여자학원'을 설립함.

1918. 7. 29. | 호놀룰루에 '신립교회'를 세움.

1918년 9월(43세) | '한인여자학원'을 '한인기독학원(The Korean Christian Institute)'으로 개명하고 남녀공학제로 개편함.

1918. 11. 25.(43세) | 샌프란시스코의 '대한인국민회 중앙총회' 임시협의회에서 이승만을 정한경, 민찬호와 함께 파리 강화회의에 참석할 한국 대표로 선출함.

1919. 1. 22. | 로스앤젤레스에서 대한인국민회 중앙총회장 안창호(安昌浩)를 만나 현안을 논의함.

1919. 2. 3. | 필라델피아에 도착하여 서재필, 정한경, 장택상(張澤相), 민규식(閔奎植) 등과 함께 향후 독립운동 추진 방략에 대해 논의함.

1919. 3. 10.(44세) | 서재필로부터 국내에서 3.1운동이 발발했다는 소식을 전해 들음.

1919. 4. 5. | 임시정부의 '국무급'으로 추대함.

1919. 4. 14~16. | 필라델피아 시내 '리틀 시어터(Little Theater)'에서 서재필을 의장으로 추대하고 '한인대표자대회(The First Korean Congress)'를 개최함.

1919. 4. 15. | 상하이(上海)에 수립된 대한민국임시정부(大韓民國臨時政府)의 '국무총리'로 선임.

1919. 4. 23. | 워싱턴 D.C에 'The Republic of Korea'의 활동 본부를 설치함.

1919년 5월 말 | 서울에서 선포된 세칭 한성임시정부(漢城臨時政府)의 '집정관총재(執政官總裁)'로 추대됨.

1919. 6. 14~27. | '대한민주국 대통령(President of the Republic

of Korea)'의 명의로 미, 영, 프, 이, 일본 등 여러 나라 정부 수반들과 파리 강화회의 의장에게 '대한민주국'을 승인할 것을 요청하는 공문을 발송함.

1919. 7. 4. ｜ '대한민주국 임시대통령' 명의로 '대통령 선언서'를 발표함.

1919. 7. 17. ｜ 워싱턴 D.C에 '대한민주국' 임시공사관을 개설함.

1919. 9. 6. ｜ 상하이 대한민국 임시정부에서 개헌을 단행하여 이승만을 '임시대통령'으로 선출함.

1920. 3. 17. ｜ 미 상원 본회의에서 한국과 아일랜드에 대한 독립 동정안이 상정되어 표결에 부쳐진 결과 아일랜드안은 38:36으로 가결되고 한국안은 34:46으로 부결됨.

1920. 6. 29. ｜ 상하이에 있는 임시정부를 방문하기 위해 워싱턴 D.C를 떠나 호놀룰루에 도착함.

1920. 12. 5.(45세) ｜ 상하이에 도착함.

1920. 12. 13. ｜ 상하이 임시정부 청사를 순시함.

1920. 12. 28. ｜ 상하이교민단이 베푼 환영회에 참석함.

1921년 2월 ｜ 호놀룰루의 갈리하이 계곡에 '한인기독학원'의 새 교사가 준공됨.

1923년 6월 ｜ 남학생 12명, 여학생 8명 및 3명의 지도교사로 구성된 '(하와이)학생고국방문단'을 한국에 파견함.

1924. 1. 19~31. ｜ 샌프란시스코를 방문한 임영신(任永信)으로부터 관동대진재(關東大震災) 당시 일본 정부가 저지른 조선인 대학살에 관련된－유태영이 수집한－ 자료들을 전달받음.

1932. 11. 10.(57세) | 상하이 임시정부의 국무회의에서 이승만을 제네바에서 열릴 예정인 '국제연맹(The League of Nations) 총회'에 참석할 대한민국 임시정부의 '특명전권수석대표'로 임명함.

1934. 10. 8. | 뉴욕 렉싱턴가의 몽클래어 호텔(Hotel Montclair)에서 프란체스카 도너 양과 결혼함.

1942. 6. 13~17. | 몇 차례에 걸쳐 '미국의 소리(VOA)' 단파방송망을 통해 고국의 동포들에게 일제의 패망이 임박했다는 기쁜 소식을 전함.

1943. 2. 16. | 미 국무장관 헐에게 편지로 만약 미 정부가 임정을 당장 승인하지 않으면 전후(戰後) 한반도에 친소 공산 정권이 수립될 것이라고 경고함.

1943. 2. 17. | 미 육군장관 스팀슨에게 한인 항일 게릴라 조직안을 제출함.

1944. 9. 11. | 제2차 퀘백회의에 참석 중인 루스벨트와 처칠에게 전보로 카이로선언문의 문제점을 지적하면서 일본 패망 후 한국의 즉각적인 독립을 요구함.

1944. 10. 25. | 루스벨트 대통령에게 편지로 임정 승인을 다시 촉구함.

1944년 11월 | 미 체신부, 태극기 마크가 그려진 우표를 발행함.

1945. 5. 11~15. | 샌프란시스코 연합국회의에서 '얄타 밀약' 폭로함.

1945. 9. 14. | 서울에서 결성된 '조선인민공화국'의 주석으로 추대됨.

1945. 10. 14~15. | 일본 도쿄에서 미 태평양 육군 총사령관 겸 일본 점령 연합국 총사령관 맥아더(Douglas A. MacArthur) 장군과 주한 미군 총사령관 하지(John R. Hodge) 중장을 면담함.

1945. 10. 25. | '조선독립촉성중앙협의회(朝鮮獨立促成中央協議會)'를 개최, 회장으로 추대됨.

1946. 2. 8. | '조선독립촉성중앙협의회'와 '신탁통치 반대국민총동원위원회'를 통합한 '대한독립촉성국민회(大韓獨立促成國民會)'의 총재로 추대됨.

1946. 2. 21. | 프란체스카 여사가 서울에 도착함.

1946. 2. 25. | 남조선대한국민대표민주의원(南朝鮮大韓國代表民主議院)의 의장으로 선출됨.

1946년 2월 말 | 중앙방송을 통해 '과도정부 당면정책 33항'을 발표함.

1946. 6. 29. | 이승만, 민족통일총본부(民族統一總本部)를 설립함.

1946. 9. 12. | 돈화문(敦化門) 앞에서 권총 저격을 받음.

1946. 12. 4. | 미 정부의 최고지도자들과 UN총회 의장 등에게 한국의 실정을 알리고 남한 과도독립정부 수립을 촉구할 목적으로 미국으로 출발함('방미외교' 개시). 도쿄에 들러 맥아더 장군을 면담함.

1947. 2. 22. | 맥아더 장군, 신임(新任) 미 국무장관 마셜(George C. Marshall)에게 한국 독립 문제 해결 방안의 하나로 한국 문제를 유엔에 이관할 것을 건의함.

1947. 3. 13. | '트루먼 독트린'이 발포된 다음 날, 트루먼 대통

령에게 미국이 남한에서 추진하고 있는 좌우합작운동을 중단하고 남한에 과도 독립 정부를 수립할 것을 촉구하는 서한을 발송함.

1947. 3. 22. | 뉴욕 타임스지에 남한에 과도 독립정부가 조만간 수립될 것이라고 예고하면서, 그 정부에 대해 미 행정부가 대규모의 경제 지원을 하고, 남북한이 통일될 때까지 미군을 주류시킬 것 등을 요구하는 내용의 '성명서'를 발표함.

1947. 4. 6. | 도쿄에서 맥아더 장군과 면담함.

1947. 4. 13~16. | 난징에서 장제스(蔣介石) 총통과 두 차례 면담함.

1947. 5. 22. | 제2차 미소공위 회담이 서울에서 개최됨.

1947. 7. 1. | 서재필이 하지 사령관의 최고 고문 겸 미 군정청 특별의정관으로 서울에 도착함.

1947. 7. 10. | '한국민족대표자대회'를 발족시킴.

1947. 7. 29. | 제2차 미소공위 회담이 혼돈 상태에 빠짐. SWNCC 산하의 '한국 문제 담당 특별위원회(Ad Hoc Committee on Korea)'를 설치함. 이 위원회에서 8월 6일 전후에 미소공위가 완전히 결렬될 경우 미국은 남한에서 유엔 감시하에 총선거를 실시하여 단독정부를 수립한다는 등의 내용이 담긴 '앨리슨 계획(The Allison Plan)'을 작성 제시함.

1947. 9. 21. | 이승만, '대동청년단'(단장이청천)의 총재직을 수락함.

1947. 9. 29. | 마셜 국무장관의 집무실에서 개최된 '임시간부회의'에서 주한 미군을 완전히 철수하기로 결정. 그리고 이 철군 계

획을 미국이 유엔총회에 제출할 한국 정부 수립 결의안에 포함시키기로 결정함.

1947. 10. 18. | 이화장(梨花莊)에 입주함.

1947. 11. 14. | 뉴욕의 레이크 석세스(Lake Success)에서 개최된 제2차 유엔총회에서 미국 대표 덜레스(John Foster Dulles)가 제안한 한국 독립정부 수립 결의안이 찬성 43표, 반대 0표, 기권 6표로 통과됨.

1948. 1. 8. | 남북한에서 실시할 총선거를 감시하는 데 필요한 조치를 하기 위해 8개국(오스트레일리아, 캐나다, 중국, 엘살바도르, 프랑스, 인도, 필리핀, 시리아) 대표들로서 구성된 유엔 한국임시위원단(UNTCOK)이 서울에 도착함.

1948. 2. 26. | 유엔 소총회, 선거가 가능한 남한에서 총선거를 실시하여 남한 단독정부를 수립하자는 미국 대표(Philip C. Jessup)의 결의안이 찬성 31, 반대 2, 기권 11표로 가결됨.

1948. 3. 12. | 유엔임시위원단의 전체 회의에서 "선거가 언론, 출판 및 집회의 자유라는 민주적 권리가 인정되고 존중되는 자유 분위기에서 행해진다는 조건하에… 선거를 참관한다."라는 결의안에 대해 찬반 투표를 한 결과 찬성 4표, 반대 2표, 기권 2표로 결의안이 간신히 통과됨.

1948. 5. 10. | 총선거에 유권자 등록률 79.7%, 투표율 95.2%라는 압도적 다수의 남한 국민이 참여함. 이승만, 제헌 국회의원 총선거에 동대문 갑구에서 출마, 무투표로 당선됨.

1948. 5. 31. | 이승만, 제헌의회(制憲議會) 의장으로 선출됨.

1948. 7. 20. | 이승만, 국회에서 대통령(大統領)으로 당선됨.

1948. 7. 24.(73세) | 이승만, 대통령직에 취임함.

1948. 8. 15. | 이승만 대통령, 대한민국 정부 수립을 선포함.

1948. 12. 12. | 파리에서 개최된 제3차 유엔총회에서 48대 6의 다수결로 대한민국 승인안이 통과됨.

1949. 1. 1. | 트루먼 대통령, 무초(JohnR. Muccio)를 초대 주한 미국 대사로 임명함.

1950. 3. 10. | 농지개혁법 공포함.

1950. 6. 25. | 한반도에 6.25 전쟁 발발함.

1952. 1. 18. | 이승만 평화선 라인 선포함.

1952. 8. 5. | 제2대 이승만 대통령 당선됨.

1953. 6. 18. | 반공포로 2만 7천 명 석방됨.

1953. 7. 12. | 한미상호방위조약 체결과 미국경제원조 약속의 한미 공동성명 발표함.

1954년 1월 | 독도에 '한국령' 영토 표지석 설치함.

1956. 5. 15. | 제3대 이승만 대통령 당선됨.

1958. 2. 11. | 원자력원 설치함.

1959. 3. 15. | 3.15 부정선거.

1960. 4. 19. | 4.19혁명 발발함.

1960. 4. 17. | 대통령직 사임함.

1965. 7. 19. | 향년 90세로 하와이 호놀룰루 마우라라니 요양병원에서 서거함.

1965. 7. 27. | 국립현충원 묘지에 안장됨.

이승만 바로 알기 100장면

1판 1쇄 발행 2024년 7월 15일

지은이 이 규 학
펴낸이 이 규 학

펴낸곳 둘셋손잡고
등록 2019년 5월 24일 제 353-2019-000010호

주소 인천광역시 남동구 문화서로 65번길 10-5 1층 (구월동)
이메일 seunglee1218@nate.com
☎ 032) 421-1311

정가 15,000원

ISBN 979-11-91513-06-6-03990